新実存主義

マルクス・ガブリエル Markus Gabriel
廣瀬 覚 訳

岩波新書
1822

NEO-EXISTENTIALISM
How to Conceive of the Human Mind after Naturalism's Failure

by Markus Gabriel
edited by Jocelyn Maclure
with contributions by Jocelyn Benoist, Andrea Kern, and Charles Taylor

First published 2018 by Polity Press Ltd, Cambridge.
This Japanese edition published 2020
by Iwanami Shoten, Publishers, Tokyo
by arrangement with Polity Press Ltd., Cambridge,
through The English Agency (Japan) Ltd., Tokyo.

目　次

序 論

稳健な自然主義と，還元論への人間主義的抵抗[1]

Introduction: Reasonable Naturalism and the Humanistic Resistance to Reductionism

ジョスラン・マクリュール
Jocelyn Maclure

マルクス・ガブリエルは、アカデミズムに属する新世代の哲学者のうちでもっとも刺激的な知性のひとりである。彼は、数々の形而上学の重要問題について、大胆な見解を唱えている。たとえば以前の著作では、存在論や認識論で構成主義が乱用されるいま、新たな実在論が求められていると論じた。われわれの現実をかたちづくる対象領域――すなわち「意味の場」――の多元性を中心にすえた実在論である。その仕事では、今日にいたるまでの哲学の多様な伝統が巧みに利用されている。彼にとって、哲学と哲学史とは明確に切り離せるものではない。そして、本書の第1章で指摘しているように、大陸系と分析系という哲学の区別は無意味で、マイナスにしか働かないと考えるのだ。

人文学系の研究者には、人間の現実や経験の理解において科学的な言葉がやみくもに使われていることを危惧する顕著な伝統があるが、ガブリエルもまた同じ懸念を訴えてやまない。その伝統のルーツがドイツ哲学にあることは、本書に収められた応答が示すとおりである。コメンテーターの選考段階で意図していたわけではないが、蓋を開けてみれば、チャールズ・テイラーも、ジョスラン・ブノワも、アンドレーア・ケルンも、観念論や現象学といった伝統を陰に陽に活用して、分析系の心の哲学[1]に見られる自然主義[2]を解体するガブリエルの試みを支持するかたちになったのだ。チャールズ・テイラーは、かねてから科学中心主義と還元論的自然主義を批判してきた。[2] ジョスラン・ブノワは、現象学の起源、ならびに現象学と分析哲学のつながりにかんする研究の第一人者である。[3] 形而上学と認識論の分野で、アンドレーア・ケルンは、カントとドイツ観念論の影響をうけた新アリストテレス主義を提示しつつあるところだ。ガブリエルと同じように、この三人も、現代の西洋哲学にある分析系と大陸系の分裂を果敢に乗り越えてきたのである。

本書の土台となる論文でガブリエルは、分析系の心の哲学における自然主義の支配に立ち向かう。彼が手始めに取り上げるのは、心が自然界にどう収まるのかという古典的問題である。おそらく意識をもたないであろう物理的・生物学的プロセスから、どのようにして欲求、信念、志向のような心的状態が生まれるのか。自然科学の最良の知見にもとづいて、非物質的な魂の存在を信じることをひとたび放棄したとき、意識をともなう主観的経験はどう説明されるのか。そうした経験は、物理的世界についてわれわれが知っていることとどう関連づけられるのか。デカルトの「実体二元論」がもはや選択肢にならないことを思えば、心的なものを脳過程のような、より基本的な自然的性質に還元したくなるのも当然といえば当然だろう。後者は、物理の法則やメカニズムや性質によって説明可能なものだ。けれども、いろんな脳領域と神経活動の研究が、一目惚れした相手とのファーストキスの体験のような主観的経験を解き明かすことにどうしてなるのかは、もちろん明らかではない。そのため、この問題は、神経科学を含む自然科学によっては絶対に解決できない「ハード・プロブレム」なのではないかと考える者も少なくない。[4]

ガブリエルは自然主義を、何よりもまず、心を自然種③とみなして物理的メカニズムへと還元する選択と結びつける。だが彼によれば、この選択は当を失している。そして、自然主義を自然界の研究への健全なアプローチにではなく、包括的な思弁的形而上学へと作り変えた「枠組みの全体に揺さぶりをかけ」ようとする。代わって彼が素描するのは、「新実存主義」と名づけられた次のような立場である。

> 新実存主義とは、「心」という、突き詰めてみれば乱雑そのものというしかない包括的用語に対応する、一個の現象や実在などありはしないという見解である。……では、なぜ「心」という雑多な概念にさまざまな現象が包摂されるのだろうか。その理由は、いずれの現象も、純粋に物理的な世界や動物界のほかのメンバーから、人間が自分を区別しようとする試みに由来していることにある。そうした試みのなかで、心をもつ生き物というわれわれの自画像は形づくられてきたのだ。人間以外のものが存在するとはどういうことか

について、同じように多様な説明を踏まえながら。（本書一六頁）

テイラーのコメントにもあるように、実存主義の名前を掲げることが、ガブリエルの提案する見解を特徴づけ、彼のアイデアの源となった哲学者をひとつにくくる最良の方法なのか、疑問の余地はある。まず、ガブリエルの「新実存主義」は、第二次大戦後にサルトルやボヴォワールが展開した哲学的見解よりもはるかに射程が広い。また、メルロ＝ポンティやカミュなど、初期の実存主義運動を代表する人たちも、のちに「実存主義」のレッテルを貼られることをあからさまに拒絶している。そもそも新実存主義には、いわゆる意識ないし主観性の哲学やドイツ観念論、現象学、（自我あるいは自己の物語論に適用された）解釈学、実存哲学から抽出した要素が含まれているように見える。

明らかにガブリエルは、心脳同一説を否定する陣営に与《くみ》し、心は頭のなかだけにあるのではないと考える論者の側に立っている。私の目に映るガブリエルとは、抜き難い心の文化的・社会的側面に注意をうながす哲学的人類学者というものだ。心は、意識を可能にする神経活動の結果というだけでなく、自己解釈、意味形成、ヒトの特性である集団的象徴活動の所産でもある。ガブリエルの言葉をかりれば、「何千年ものあいだ志向的スタンスで記述されてきた現象、われわれが心のなかで起きるその経験を記録してきた現象が、自然のなかにその等価物を見つけることで、あますところなく理論的に統一できるなどと期待すべきではない」（本書七〇～七一頁）のだ。ドイツ語のGeist（精神）という概念は、英語のmind（心）よりも、自然と文化の浸透具合をうまくとらえている。精神は、生物学的進化と文化進化の両方を含む概念だと言っていいかもしれない。

とはいえ、心脳関係をどうとらえるべきかという点で、ガブリエルの新実存主義は曖昧さをはらんでいるようにも見える。一方で彼は、自分の見解が自然科学によって堅固に立証されたことを否定するものではないと明言する。ある種の脳をもつことが、心をもつための必要条件であることは認めるし、あらゆる心的な出来事に脳内の相関物があるという点に異をさしはさむこともない。しかし他方で、彼は次のようにも主張する。「心が自然の秩序のなかに収まらねばならないという考えは、ごく最近の神話にすぎない。それは、人間の行為を説明するにあたって、関係のあるあらゆる現象を一個の包括的構造のなかに収めようとするきわめて新しい試みなのだ」（本書六六頁）。

物理主義的一元論、すなわち心的状態は根本において物理的な状態にほかならないという見方をしりぞける十分な理由があると考える点では、筆者もガブリエルとまったく同じ意見だ。

しかし、広義の「自然主義」に立つ心の哲学者や神経科学者には、もっと控えめにこう主張する手もあるかもしれない。志向的スタンスのようなものを可能にする物理的な必要条件が存在する。脳状態は、少なくとも部分的には心的状態を構成しており、心的な出来事の生起にかんする因果の物語が信憑性をもつとき、そこには必ず脳状態の話が登場する、と。この考え方は、論理的には、心的状態が脳状態に還元できるとか、それに随伴[5]するといった見解へのコミットを意味しない。主観的経験のようなものが生じるには、神経生物学的な進化の過程でヒトに何が起きなければならなかったのか。ミルク入りのエスプレッソを味わうには、私の脳内で何が起きる必要があるのか。こうした問題への取り組みが科学の営為として途方もなく重要であることは、ガブリエルもはっきり認めることができるのではないだろうか。ガブリエルのように、ある種の脳をもつことが心をもつための必要条件だと認めれば、自分たちの理論には自然主義の要素が含まれることになる。しかし彼は、科学的な自然主義をより豊かな哲学的見解に含めることと、自然主義を全否定することとのあいだで、態度を決めかねているようだ。私自身はどうかといえば、自然科学の尋常ならざる説明力を踏まえて、実在にかんする哲学的見解の大枠のなかに、いわば「穏健な自然主義」を組み込むべきではないかという気がする。

実際、第1章の批判は、自然主義ではなく還元論が真の標的だったとも読める。なるほど、たしかに自然主義者は、心が「自然の秩序」に「収まる」と考える。だが、存在するものすべてが自然種へと還元可能だとする一元論的存在論に与する必要はないし、心にまつわる概念はみな科学の進歩にともなって次第に消え去っていくだろうと考える必要もない。たとえば、集団的な志向性⑥の因果的効力を持ち出さずに、社会的事実や制度が説明できないことは、多くの人が認めるところだ。[6]

　私が正しければ、新実存主義をさらにくわしく展開するには、分析系の心の哲学が提供する有力な――と私には思える――選択肢を正面から取り上げ、それに継続して取り組むことが不可欠である。念頭にあるのは、「非還元論的物理主義」「性質二元論⑦」「創発主義⑧」といった、おおよそ重なり合う立場だ。新実存主義者がこうした立場のどこに満足できないかをくわしく説明してくれるなら、私のように、標準的な還元論的物理主義は支持できないが、かといって、さしあたりどの説がベストなのか判断がつかないという者にも参考になるに違いない。

　ガブリエルの立場では、「決定不全性テーゼ」とでも呼ぶべきものが少なくとも受け入れ可能だろう。自然科学による記述だけでは、心的なものについての――つまりは行為主体としてのわれわれ人間についての――十全な理解には到達できない、というテーゼだ。物理学や進化生物学の法則に反した心のとらえ方は誤りと見なすべきだとしても、自然法則とは両立するが、互いには両立しない心のとらえ方はいくつもある。たとえば、心は自然的なものであるとともに文化的・間主観的なものでもあると主張する理論群は、主観的経験には神経系にかんする前提条件があるという点では同じ意見である。しかしそこからさらに踏み込んで、本書の著者たちのように、心は脳以上のものだとか、自然主義的な還元論は心があることを完全には説明できないなどと主張することもできる。分析系の心の哲学ではSFもどきの思考実験が不釣り合いなほど人気を博しているが、さしあたりそうしたものは脇におくとして、身体をもつこと、生活世界(9)や文化に埋め込まれていることもまた、心的生活の一部を構成していると言えそうだ。

ガブリエル、テイラー、ブノワ、ケルンがそれぞれのやり方で指摘するように、心的状態はほかの心的状態による変更をこうむるが、自然的事実はおしなべて心とは独立している。正常なDNA配列は六種類のヌクレオチドからなると私が間違って信じていたとしても、そのことで四種類のヌクレオチドからなるという事実が変わるわけではない。しかし、研究者の指示にしたがって服用した薬が治療効果のある薬であり、プラセボではないと私が信じるならば、本当はプラセボを飲んだとしても、自分の症状の主観的な感じ方が変わってくる可能性はおおいにある。

べつの例をあげよう。マラソンの終盤の追い込みでハムストリングに張りを覚えても、そうした場面ではごく当たり前のことだと解釈できる。けれども、地下鉄駅に向かってゆったり歩いているときに同じような張りを感じれば、痛みはもっと深刻で気がかりに思えるだろう。私の筋繊維や神経系、関連する脳領域で起こっていることは、私の信念とは独立している。しかし、私の意識的経験——張りがどう感じられるか——は、そうした物理的性質には還元できない。そうした考え方の先には「性質二元論」がありそうだ。物理的性質は、存在論のレベルで、心的現象を説明しつくしてはくれないという立場である[7]。性質二元論といっても、必ずしもデカルトの実体二元論にあと戻りするわけではない。心的状態は、取り立てて神秘的とはいえない物理的性質と社会的性質からなると見なせるからだ。ガブリエルのように性質二元論を採れば、サイクリングは自転車に随伴するが、自転車に還元することはできないと言える。サイクリングが成立するには、志向性をもつ行為主体による一連の社会的意味と実践があることも必要である。穏健な自然主義者ならば、それを否定しようとは思わないはずだ。

新実存主義と非還元論的理論との対比は議論を深める一助になるだろうが、読者はこうも疑問に思われるのではないだろうか。つまり、心の哲学の研究者や神経科学者、認知科学者には、身体性を帯び、環境に埋め込まれ、環境のなかに延長したものとして心をとらえる非正統的な立場の人びとがいるが、彼らの見方にガブリエルはいったいどこまで賛成なのか、という疑問である。心を頭のなかだけに位置づけることはできないと唱える外在主義[10]にはいろんな立場があるが、ここではその異同の問題には立ち入らない。現代の外在主義者には、心——あるいは少なくとも認知活動——に認知ツールのような人工物が含まれるという者もいれば[8]、心と身体と世界の関係はきわめて込み入っており、その境界線はほころびだらけと見るべきだという者もいる[9]。

さきほど私は、ガブリエルの新実存主義の射程が過去の実存主義よりもはるかに広く見えると述べた。とはいえ、新実存主義とフランスの無神論的な実存主義には共通点もある。ひとつあげよう。たとえばサルトルの「実存主義はヒューマニズムである」というフレーズは、第二次大戦の暗く苦渋にみちた時代のあとでは、多くの人びとにとって待望の世界観を意味していた。それと同じように、還元論的自然主義やポスト・ヒューマニズム、ポスト・モダニズムの名残が、程度の差はあってもいまだ文化に影響を及ぼしている時代に、ガブリエルが素描したヒューマニズムでありながら同時に実在論でもある見方はおおいに必要とされていると言えるだろう。心の哲学の研究者も、神経科学者や認知科学者も、ガブリエルとコメンテーターの個々の議論に疑問を抱き、そこにある不備をとがめようと思う人は少なくないはずである。そして、それこそが健全というものだ。それでこそ新実存主義はより強固なものに育っていける。

だが、アカデミズムの有力な一角で、また文化の広範な領域で、還元論的自然主義が幅を利かせる現状に不安を抱く者にとって、彼らの見方が抵抗の時の到来を告げるものであることは確かなのだ。

第1章

新実存主義

——自然主義の失敗のあとで人間の心をどう考えるか[1]

1. Neo-Existentialism: How to Conceive of the Human Mind after Naturalism's Failure

マルクス・ガブリエル
Markus Gabriel

科学を基軸とする文化では、一般に、心的対象なるものの存在は足もとがとても不確かだと考えられている。それに対して、物理的な対象は、合理的な疑問の余地なしに存在するとされている。こうした事態を「存在論におけるポスト・デカルト的非対称性」と呼ぼう。デカルトは、彼よりも前に活躍した思想家の多くがそうだったように、これとは逆の非対称性を臆することなく唱えた。心はそれ以外のものよりもよく(心に)知られるだけでなく、(存在の種類としては物質よりも神に近いという意味で)存在のあり方のうえでも特権的な身分にあると主張したのだ。ところが、時代が下るにしたがって存在論の世界の秩序は逆転してしまったわけである。それはさておくとして、存在論的な非対称性があるとなおも信じる根拠はなんだろうか。何が存在するかについての最善の説明において、物理的なものと心的なもののどちらかに特権を認めるべき、深い理由があるのだろうか。

ごく大雑把にいえば、この科学の時代では、ポスト・デカルト的な見方がまっさきに表明されるのではないだろうか。岩、細菌、ゾウリムシ、爪は明らかに存在するが、ファウストやマクベスや若返りの泉は明らかに存在しない。いろんな議論実践で、そういうものがあるかのように語る言語ゲームに加わることが許されるのは確かだが、それでも両者の違いは明らかだ、と。ふつうそうしたものは「虚構」と呼ばれる。「フィクション」の作品で最初に導入された個体」(Brock and Everett 2015: 3)ということだ。[2] その存在は心に依存しているが、岩はそうではない。もし心がなかったならば、マクベスは存在しなかったというのは自明といっていい。ところが、いわゆる「虚構非実在論」をとる論者は、彼の存在をにべもなく否定する。ときにその根拠とされるのは、次のような理屈である――かりにマクベスが存在したとしても、あくまで想像の産物としていたにすぎず、その意味で、現実に存在するといえるものではない。[3]

さて、こうした見方にしたがえば、心そのものも虚構の対象に分類したくなる。虚構の対象の存在論的身分を低く見積もる理由があるとすれば、それは要するに、虚構の対象が心から独立しているといえないからだ。もし心が若返りの泉のように心に依存しているのなら、心もまるごと格下げしなければならない。心からの独立性を目安にして存在するかどうかを決める存在論の枠組みでは、それは当然のことだろう。

現代の科学文化を代表する側は、ここでおそらく次のように言うのではないだろうか。心が心に依存しているというのは、若返りの泉が心に依存しているのとは違う。心は、突き詰めれば、物理的対象――すなわち脳――と同一視できるからだ、と。実は、こうした同一性の主張を正確に理解するのは簡単ではない。とりわけ、心と脳のあいだに認識論的な非対称性があるように見える点は大きい。しかし現代の典型的な科学者は、そのような非対称性のレベルで両者がはっきり区別されるという印象も、心の科学の進歩にしたがっていずれ消え失せていくだろうと期待する。脳の理解が深まれば深まるほど、心と脳を同一視して、われわれの「デカルト的」直観、心と脳は基本的に違うという印象を捨てることが無難に思えるようになると。

以下では、現代の科学的世界観の一部を生んだ枠組みの全体に揺さぶりをかけることにしよう。具体的には、筆者が「新実存主義」と呼ぶ立場を素描する。新実存主義とは、「心」という、突き詰めてみれば乱雑そのものというしかない包括的用語に対応する、一個の現象や実在などありはしないという見解である。ふつう「心」という看板でひとくくりにされている現象は、明らかに物理的なものも現実に存在しないものも幅広く含む、ひとつのスペクトル上に位置づけられると考えるのだ。では、なぜ「心」という雑多な概念にさまざまな現象が包摂されるのだろうか。その理由は、いずれの現象も、純粋に物理的な世界や動物界のほかのメンバーから、人間が自分を区別しようとする試みに由来していることにある。そうした試みのなかで、心をもつ生き物というわれわれの自画像は形づくられてきたのだ。人間以外のものが存在するとはどういうことかについて、同じように多様な説明を踏まえながら。

新実存主義が掲げる根本の主張は次のようなものである。心的語彙[11]は時代や場所によってさまざまなかたちをとるが、そうした語彙によって拾い上げられる一個の対象など、この世界には存在しない。つまり、意識があったり、自己意識をもっていたり、自己自身を知っていたり、神経質だったり、質的状態の処理を担ったり、警戒したり、知性があったり等々といった心的語彙によって指し示される、一個の対象などありはしない。われわれは、物理法則が支配する無生物と、生物学的パラメータによって突き動かされる動物であふれた世界にただ溶け込んで生きているのではない。人間のそうした特異なあり方をさまざまなかたちで説明できるのが心的語彙であり、その説明能力をもつかぎりで心的語彙はひとつのグループとしてとらえることができる――。

われわれは、匿名の、ただ存在するだけのものの領域に属しているわけではない。この事実は、みずからを「心をもつ」ものとして描き出すことで理解しやすくなる。われわれは、石とも、石の上にいるカブトムシやクワガタとも違う。自分たちに心があるという考えは、何千年にもわたる歴史のなかで育まれてきたものだが、その間、自分たちとほかの存在物との違いが心を表す言葉でしか説明できないことは自明とされてきた。人間という概念もこうした構造によって育まれたのだ。人間の概念がなければ、心と心をもたない自然との関係がどんなものになりうるか、疑問を抱くことすらないだろう。

有史時代にかぎっても、人類は、自分たちと無生物や動物とを分けへだてるものは何かについて、説明を掘り下げてきた。ヒュー・プライスが適切にも「位置づけ問題」(Price 2011: 187–8)と呼んだものの真の源泉はそこにあるといえるだろう。単刀直入にいえば、〝心、つまり心的語彙によって拾い上げられる多様な対象——かりにそうしたものがあるとして——は、純粋な自然の秩序のなかにどう収まるのか?〟という疑問にそれは発しているのである。[4]

「純粋な自然の秩序」は、私の言葉でいえば「宇宙」ということだ。私は「宇宙」と「世界」を区別して使う。前者は最良の自然科学が研究する対象領域を指す(その科学とは、理念としては物理学の未来の統一理論かもしれないし、あるいは科学の統一の度合いによるが、現在や未来の確立した専門分野のしかるべき集合体ということになるかもしれない)。それに対して後者は、仮説として考えられた、あらゆるものを包含する一個の対象領域をいう。べつの機会に述べたように(Gabriel 2015a)、この世界概念は定式化しなおす必要がある。世界は、あらゆるものを包含する一個の対象領域でも、あらゆることがらを包含する一個の事実領域でもなく、私の言い方では「あらゆる意味の場からなる意味の場」として理解すべきである。ここでいう「意味の場」(field of sense: FOS)とは、対象領域を表す私の言い方だ。ただし、一つひとつの対象領域の区別は、対象についての正しい考え方にしたがってなされる。ある領域に属する対象についての正しい考え方とは、そのあり方を適切に特徴づける記述によって、対象のあるがままが把握できるものをいう(ibid.)[5]。宇宙はある領域内の一個のＦＯＳだが、その領域にはさらにいろんなＦＯＳが包含される。宇宙はさまざまなＦＯＳからなる開いた系のなかに位置を占めるのだ。だが、すべてを包含するＦＯＳはない。ＦＯＳの存在論から導かれるこの帰結を、私は「無世界観」と呼んでいる。「世界は存在しない」(Gabriel 2015b)というフレーズはそれを要約したものだ。新実存主義の考えでは、心は自然の秩序(宇宙)にも世界にも属さない。それはＦＯＳの系列全体にまたがって存在するのであり、「心」という包括的用語でひとまとめにされるさまざまな現象は、一個の明確な輪郭をもつ対象や対象の範囲を拾い上げるものではない。それでも心的語彙には、それを取りまとめる不変の統一構造がある。この構造を私は「精神《ガイスト》」と呼ぶ。精神は、雑多で、多様な変化をみせる心的語彙の背景にある不変なものを説明するテクニカルな概念だ。したがって、いまわれわれがたまたま使っている心的語彙よりは整然としている。この私の提案では、宇宙に精神の一部、あるいは部分領域が含まれることに注意してほしい。私がここで論じたいのは、要するに、宇宙のなかに精神のすべての部分があるのでもないし、一個の全体としての精神が宇宙のなかにあるわけでもないということだ。

　精神は、長い歴史のなかで、人間と人間以外のものの区別をいろんなやり方で理解しようとしてきた。そしてその結果、多様なものの統合体として心が存在するようになった。さて、かりにこう考えることが正しくて、心が存在するとしよう。その場合、私の存在論にしたがえば、心は何らかのFOSにかならず収まることになる。たとえ心が虚構の対象(あるいはその集まり)だとしても、しかるべきFOSに位置を占めるのだ。このことは水平方向にも——つまり、文学や映画といったほかの虚構との比較においても——、垂直方向にも——天体物理学のFOSのような、虚構ではないまったく異質なカテゴリーに属するFOSの文脈でも——いえる。たがいに関連する複数の領域を認めて、それがカテゴリーを異にするさまざまなポケットからなるひとつの大きな秩序を形づくっていると考えるのが真の存在論的多元主義だが、そうした立場にとっては、心がどんな性質をもっていようと、容易にその存在を受け入れることができるのだ。存在論的多元主義では、心にしかるべき場所が認められることは自明といっていい。(意識、気づき、感情、覚醒などの)さまざまな心的語彙で拾い上げられる多くのものが、たとえバリオン物質や銀河、小脳などと同じ存在論の領域(つまり、同じFOS)に入れなくても、受け入れられるのである。

位置づけ問題は相応の理由があって生じるわけだが、形而上学的一元論の立場をとる者にとって、問題の生じる経緯をきちんと見すえることは容易ではない。その理由を理解するために、むき出しの唯物論とむき出しの観念論というふたつの極端な立場を想像してみよう。むき出しの唯物論の主張はこうだ。存在するのは宇宙だけである。宇宙とは、物質とエネルギーからなる実在にほかならない。ところが、むき出しの観念論はこうした一元論を文字通り根本から否定する。存在するのは心的なものだけ、つまり何らかの心的内容や心しか存在しないというのである。心や心的なものは、カテゴリーとして、物質やエネルギーに相当する位置におかれるわけだ。心的でないものの存在は認められないのである。

形而上学的一元論の両極端の立場では、位置づけ問題は原理的に生じない。むき出しの唯物論では、その理解の仕方によって、心が自然(つまり、物質とエネルギーの総体という意味での宇宙)のなかに占める位置をめぐる難問の生じる余地はまったくない。一方、むき出しの観念論でも、自然と心の関係について難問が生じるような自然観の余地は一切ない。

いわゆる分析系の哲学でも、いわゆる大陸系の哲学でも、大掛かりな形而上学が大々的に復活しているが、心の哲学で論じられている問題は、それとは別個の概念的な扱いが必要である。[6]いちばんの理由は、冒頭で述べた概略から想像がつくだろう。位置づけ問題が消え去るべき形而上学の問題でしかないならば、それを避けて通る道はいくらでもある。形而上学的多元論や形而上学的一元論に立場の近い形而上学の体系をつくればいいのだ。形而上学的二元論――統一的な実在があると認めながら、同時に、それが心と物質というふたつの大きな塊からできており、両者はある種の溝によってへだてられているとする立場――という明らかに支持できない立場を回避しさえすればいいのだから。

形而上学的二元論の短所というと、真っ先にデカルトの名前が引き合いに出されるが、当のデカルトでさえそこに問題があると認めていることは周知の通りである。彼の立場は、掛け値なしの形而上学的二元論（ふたつの実体、すなわちカテゴリーの異なるふたつのものの存在を信じる立場）と形而上学的一元論のあいだを揺れ動いた。折にふれて、厳密には神のみが実体であるとも述べているからだ。[7] ただひとつの実在しかないのであれば、その実在の内部に物質と心という二種類のものがあると主張する意味はたしかに不可解である。自分自身のうちに異常な二元性が生まれる理由を説明する実在の性質とはいかなるものだろうか。いわゆる中性一元論は、いま述べたふたつの種類にものが分化する根底に第三の種類のものがあるという見解（あるいは見解群）だが、分化の前の段階にむやみにさかのぼったり、そうした遡行に恣意的な歯止めをかけたりすることを避けるために措定されたこの第三のものについて、その性質をきちんと説明してみせる必要がある。

以下では、「自然主義」という言葉が、ある厄介な事情を覆い隠すためだけに広く用いられてきたことを示そうと思う。その事情というのは、心の存在を認めるとともに、心をより幅広い領域――心とその内容だけでなく、ビッグバン、宇宙のインフレーション、消化などの事象や、爪、ゲージ・ボソンといった対象も含む領域――にどう組み入れるべきかという問題に取り組んだ、適当な形而上学的説明がこれまでなかったことだ。自然主義とは、根底にある形而上学的、認識論的問題に正面から取り組まずに済むように、いろんな哲学的立場を混ぜ合わせた、雑種を意味する言葉でしかないのである。

私の見るところ、自然主義とは要するに回避の戦略にすぎない。なぜ自然主義が存在し、世界の多くの場所で哲学者も科学者も受け入れているかといえば、その理由はイデオロギーにある。ここでイデオロギーとは、大雑把にいって、たまたま歴史に現れた人間の心についてのイメージ（精神の一例）を、人間にかんする自然的事実としてとらえようとする試みをいう。自然主義がイデオロギーと見なせることは、亡きヒラリー・パットナムが『科学の時代の哲学』[8]で、挑発的に、しかしことがらそのものとしては適切に述べているところだ。

今日、「自然主義」という言葉は、次のように使うのがもっとも一般的といえそうだ。哲学者たち――形而上学、認識論、心の哲学、言語哲学の問題について論じている哲学者の大半と言っていいかもしれない――は、本や論文のここぞという箇所で、自分は「自然主義者」だとか、自分の擁護する見解や説明は「自然主義的」なものだと公言する。こうした発言は、そのタイミングも強調の仕方も、ソ連のスターリン時代の記事に見られたものとよく似ている。「この見解は同志スターリンのものとも一致する」というあれだ。この種の声明文と同じように、「自然主義的」でない(同志スターリンの見解とは一致しない)見解は唾棄すべきものであり、正しいものではありえないことは明白だとされる。さらには、「自然主義」がふつう定義せずに使われる点も一緒だ。(Putnam 2012: 109ff.)

スターリニズムとの比較は、自然主義のイデオロギーにある政治的背景をうかがわせる。自然主義は、ソヴィエト式の弁証法的・史的唯物論からソヴィエトと弁証法と歴史を除いたものである——小気味よく皮肉をきかせて、そんな診断を下してみせるのも悪くはない。古き良き唯物論を水で薄めたのが自然主義だというわけである。その伝でいけば、初期の冷戦時代の奇妙な遺物と見ることもできるだろう。もともとは、ソ連との思想戦に勝利するためにアメリカの(大学をはじめとする)国家のイデオロギー装置が宣伝した、単純化された唯物論のイデオロギーとして。こうした大風呂敷を実際に細部にわたって展開するには、少なくとも本を一冊書くくらいの長さで、ここで明示的に使われているイデオロギーの概念と、より幅広い(政治的な）イデオロギー概念との関係について論じる必要がある。さしあたりいまは、往時のマルクスとエンゲルスも人間を中心において弁証法的・史的唯物論の看板を掲げたこと、その狙いは一九世紀に実証主義とともに登場した素朴な唯物論のイデオロギーと戦うことにあったことを確認しておけば十分だろう。

それはともかく、自然主義への相も変わらぬ固執——科学の方法論のレベルであれ、形而上学的なコミットのレベルであれ——がたんなる自然科学からの帰結でないというパットナムの診断はたしかに正しい。一般論としていえば、自然科学の研究領域である宇宙の構造についての洞察から、総合的な世界観が出てきたわけではないのだ[9]。

そのひとつの理由は、完全さを謳えるだけの世界観にいたるには、人間の言語と思想のどの要素が実在を実際に指示しているかを説明せねばならないという点にある。ところがそうした説明は、かなりの哲学的労力を注いで人間の言語と思想を種々のカテゴリー——たとえば、何かを指示する言葉のカテゴリーと、（指示対象をもたない）推論の言葉のカテゴリー——に区分けしないかぎり、おそらく手には入らない[10]。われわれから独立した実在をつかまえるのは思想のどの要素なのか、思想の連結に関わらない実在をつかまえるのは思想のどの要素なのかは、宇宙を精査して解決できる問題ではないのだ。

そのことは、自然科学の対象領域としての「宇宙」の意味にしたがうかぎり、そしてまた論理学を自然科学のカタログに含めないかぎり、明らかだろう。かりに論理学が自然科学の一分野で、しかるべき対象領域をもっているとしたら、自然主義は誤りということになってしまう。独立の実在が思考の規範そのものを含みもつことになるからだ。このような存在論的コミットメントが自然主義を支持する材料になりそうもないことは、あらためて言うまでもない。

I　ギャップの意識

透徹した自然主義の世界観という安息の地に最終的にたどり着こうとするとき、意識の問題が解決すべき最後の問題のひとつとして立ちふさがることは、科学者も哲学者も公言するところだ。ふたつ例をあげる。まずはダニエル・デネットの大きな影響力を誇った『解明される意識』から、冒頭の少し皮肉っぽい一節を引こう。「人間の意識は、われわれに残されたほぼ最後の神秘といえるだろう。どう考えたらいいのか、まだ見当もつかない現象が神秘である」(Dennett 1991: 21)。もうひとつはデイヴィッド・チャーマーズの、同じように影響力のある

『意識する心』からのものだ。論調は似ているが、皮肉の度合いはこちらの方がはるかに強い。

> 意識は最大の謎である。ことによると、宇宙を科学的に理解しようとするわれわれの探究にとって、最大の突出した障害かもしれない。……現在の科学理論は、意識をめぐる本当にやっかいな疑問にはほとんど触れていないのだ。細やかな理論が欠けているだけではない。意識が自然の秩序のなかにどうはめ込まれているかという点では、われわれは完全な闇のなかに置かれている。（Chalmers 1996: xi）

自然主義的世界観では、少なくとも、あらゆる現象を自然の秩序のなかに収めなくてはならない。自然の秩序にはまらず宙ぶらりんになっているものは、本当は存在しないか、あるいは驚くべき随伴現象であって、実在の世界には決して干渉できないかのいずれかだと見なされる。意識や心が神秘や謎と呼ばれるのは、それがどういう意味で自然――ふつうの科学的な意味での「自然」――の一部と見なせるのか、容易に見当がつかないということ、あるいは知りえないかもしれないということである。

ここには、神秘が神秘として成立するのに不可欠の形而上学的な前提が控えている。「自然の秩序」は、あらゆる現象を包摂するという意味での極大概念ではありえないという前提である。というのも、もし「自然の秩序」が存在するものすべてのことだとすると、意識がどう「自然の秩序に収まる」かは簡単にわかることだからだ。したがって自然主義は、意識が存在しないとか、心的語彙に実在の対象を指示するものはないなどと最初から仮定すべきではない。意識が神秘であるためには、われわれの知る自然の秩序から手の届きにくいところに意識があると考える必要がある。つまり自然主義者は、「自然の秩序」の意味を限定して、ある種の現象については謎の余地が残るようにしなければならないのだ。自然の秩序にかんする既存の知識にはいまだ取り込まれていない、何らかの事物の存在を示唆する現象をとりあえず認めるわけである。限定的にとらえられた自然の秩序からは、たとえばエクトプラズム、フロギストン、魔女などは排除されるが、意識一般は(さしあたり)排除されない。とはいえ、意識が謎であるとは、それが消し去られる瀬戸際にあるということでもある。自然主義者が考える自然の秩序の領域に(まだ)はっきり入っていないものは、本当にあるかどうか怪しいと見るわけだ。

自然主義の世界観が安息の地とされるのは、競合する現実の世界観や想像上の世界観とくらべて、方法論の点でまさっているように見えるからである。こうした確信の背景には、系譜の面でも心理的な面でも、古くからある思想が控えている。近代とは文化が全面的に進歩した時代であるという考え方がそれだ。文化の進歩は、ガリレオやニュートンでおなじみの近代初頭の科学革命とともに起こった(後者が引き金になったとまでは言えないにしても)[11]。彼らの名前は、革命の担い手として思想史に明確に刻まれている。彼らの発見によって、それまで古代のアリストテレス的科学観や自然観がほぼ覆い隠していたギャップが明るみに出たからだ。

そのギャップとは、自然の観察者としてのわれわれ人間に立ち現れる事物と、自然そのものとの徹底した区別である。われわれの目にどう映るかにかかわらず、物体の表面は光沢のある色を帯びていると、観察者としてのわれわれ人間は考えがちだ。われわれは夕暮れや夜明けがあると思っている。また、暗闇のなかで光を発する球体が天上に広がっていると思っている。その球体を通して天文学的現象が観察されると思っている。その球体は、日中は(居住地がギリシャかドイツかによって)青や灰色をしており、夜間は(やはり場所と季節によるが)ほぼ黒か灰色であると思っている、等々。カントでさえ、「天上の星空と、わが内なる道徳律」(Kant 2015: 129)に何よりも畏怖を覚えるという有名な台詞からうかがえるように、近代以前の幻想——星空は天上にあるという幻想——にとらわれていた。たとえ星空があったとしても、それは天上ではなく、自分の全周囲にあると言うべきだろう。もっとも、その只中に自分がいると考えるなら、星空はこの世界をそれほど超越したものには思えなくなるだろうが。われわれは神秘的なものや畏怖の念を呼び起こすものとなると、天を指差す傾向があるが、これは知識に乏しい祖先から受け継いだ悪しき習慣にすぎない。

ウィルフリッド・セラーズがこのギャップを、「日常的人間像」と「科学的人間像」のへだたりと呼んだことはよく知られている(Sellars 1963)。セラーズが単純に日常的人間像と科学的人間像があると言っているのではないことに注意しよう。どちらの人間像も、人間の観点から見て、ものごとが「もっとも広い意味で」(ibid.: 1)どう関わり合っているかを体系的・総合的に表現するものであることこそ、彼が強調したかったところだからだ。もちろん、ギャップの呼び名や特徴づけは他にもいろんなものがある。主観的と客観的(Nagel 1989)、一人称の視点と三人称の視点、厚い概念と薄い概念(Levine 2004)、生活世界と科学(Husserl 1970)等々。ここでは、くだんの現象をあわてて概念化しないために、簡単に「ギャップ」という言い方をすることにしよう。このギャップは近代になってはじめて明確に認識されるようになったとされるが、そのことは系譜の物語のかたちをかりて説明するのがふつうである。いわく、近代以降に属するわれわれはギャップの誇り高き発見者である。それがわからないという人は、誰であれ願い下げ、と。[12]

近代とギャップとの出会いについては、さまざまな系譜の神話が語られている。そのため、実際の物語の詳細を聞くと、かえってこの概念の核がわかりにくくなってしまう。だがその核が、やがてもっとも重要な役割を担うようになるのである。さて、どのギャップの説明も、ある描像を背景にしていると言えるだろう。それを「標準的な自然主義」(SN)と呼ぶことにしよう。標準的な自然主義にはいくつもの主張が折り重なるように含まれている。なかでも重要なのは、形而上学的主張、認識論的主張、そしてふたつの連続性テーゼである。

1　(SN1)形而上学的自然主義(唯物論)。(真の意味で)存在するものはすべて、究極的には物質とエネルギーであり、したがってそれらは、最良の自然科学が研究する因果の網に織り込まれている。

2　(SN2)認識論的自然主義。(真の意味で)存在するものはすべて、最良の自然科学の特徴である理論構築の基準にしたがうことでもっともうまく説明できる。

3　(SN3)生物学的連続性。人間の脳、あるいは人間の心は自然の秩序の一部である。それは自然種のひとつであり、進化の枝の上に位置づけられる。

4　(SN4)方法論的連続性。説明と呼ぶにふさわしいものはすべて、近代科学によって明示された基準にこれまでしたがってきた。

近代の科学的世界観の構造はあまり明確とはいえないが、そこに含まれる主張の分類の仕方はほかにもある。[13]以下では、主に(SN1)と(SN2)に批判を加えようと思う。もっとも、そのほかの主張も成り立たないというのが私の考えだ。人間の心は自然種ではない。自然種を拾い上げるのは、心的語彙のほんの一部にすぎない。心的プロセスが実際に存在するためには、脳をはじめとする自然のしかるべき条件が必要だが、それらがなくても存在したであろう実在を心的語彙が指示することはない。[14]

ただし、本論に入る前に次の点は強調しておきたい。自然主義を支える幅広い事実は尊重しなければならないし、おしなべて、自然主義を批判する多くの論者もそれをないがしろにはしてこなかったという点だ。まず、人間が動物であること、したがって進化理論が明確にしたパラメータによって人間が部分的に左右されることは否定しない。また、アリストテレス自然学が大失敗に終わったことも否定するつもりはない。人間の心については、あるタイプの脳が人間の心の――十分条件でこそないものの――自然な必要条件だと考えるという意味で、私は生物学的自然主義者だといっていい。[15]科学的に立証された事実に弓を引こうというのではなく、人間の心について自然科学が立証したこと、将来立証しうることについての、哲学的に誤った解釈を攻撃したいのだ。自然科学の哲学的に誤った解釈は、哲学者にも科学者にも広く蔓延している。

次の節では、自然主義に対する最近の異論、とくに(SN1)と(SN2)への異論を素描する。続いて、自然主義が失敗した後で、人間の心をどう考えるべきかという焦眉の問題を検討する。自然主義がうまくいかないとすれば、解消できない謎を甘んじて受け入れるのでないかぎり——著名な論者にもそうすべきだという人がいるが——それに代わる見方が必要である。[16]

II　自然主義の失敗

まず、ごく自然な思考実験を使って、自然主義の正当性を検討することにしよう。これは、「九番街からの世界の眺め」の名でも知られる、『ニューヨーカー』誌(一九七六年三月二九日号)の表紙がもとになっているので、「ニューヨーカー」と呼ぶことにする。もっとも思考実験の舞台は、ニューヨークではなく、いま私がこれを書いているパリでもかまわない。パリはフランスにあり、フランスは地球の表面にある。地球は、惑星のひとつとして、太陽を周回している。こうした当たり前のことを言うとき私がイメージしているのは、たとえばGoogle Earthのような、われわれが宇宙で占める位置についての主張を評価できる場所である。Google Earthでマイナス・ボタンをずっとクリックしていけば、地球を観望できるようになる。つまり、地球を観測する絶好の地点があるということだ。

ここで、Google Universeというもっと強力なシステムを考えてみよう。Google Universeのマイナス・ボタンをクリックすれば、観測の対象は地球から太陽系へ、太陽系が位置する銀河系の枝へ、銀河系を含む銀河団へと広がり、ついには宇宙全体が一望できる地点に立てる。でも、ちょっと待ってほしい！　こうして宇宙全体の構造にかんする主張を評価できる地点に到達した私は、いったいどの位置を占めているのだろうか。Google Earthのフォーマットで可能な位置どりとのアナロジーを厳密に適用すれば、全宇宙を観測できる地点などまともに想像できないことは確かである。実際には地球にいながら、Google Earthを使って地球を観測している私の立ち位置が物理的にどこにあるかといえば、地球から一定の距離だけ離れた地点だ。しかし、自分がいる宇宙の全体を観測するときの立ち位置は、物理的に、宇宙から一定の距離だけ離れた地点ではありえない。そうした地点はすべて宇宙の内部にあるのだから。地上に立ち位置のないことがGoogle Earthの立ち位置の要《かなめ》だった。だが、宇宙のなかにない立ち位置を導入することは意味をなさない。なぜなら立ち位置というものは、観察者と相対的な光学的条件によって決まるのであり、その特徴は基礎的な幾何学ともっと複雑な物理学によって説明されるからだ。立ち位置についてわれわれが知っていることは、宇宙を文字通り観測できる、宇宙の外の立ち位置を思い描くことができるという考えと両立しないのである。

こうしたことを踏まえて、哲学者はGoogle Universeが可能であるという幻想を支える前提を批判してきた。Google Universeなるものは、立ち位置や観点という概念を拡張しすぎていると。たとえばヒラリー・パットナムは、これを「神の視点」(Putnam 1981: 49; 1992: 7)と呼んで攻撃しているし、トマス・ネーゲルは「どこでもないところからの眺め」(Nagel 1989)と呼んでいる。さらにウィラード・ヴァン・オーマン・クワインは、われわれにはそのような「宇宙からの亡命」(Quine 1960: 275–6)は許されないと述べている。

しかし、形而上学的自然主義や唯物論は、どこでもないところからの眺めがわれわれに可能である(そういうものを想定することができる)という前提に立っているように見える。というのも、議論の対象である物理的なもの全体のなかで自身が占める場所について、正当な主張のできる位置にいないにもかかわらず、万物について云々してみせるからである。[17]

唯物論の観点を貫こうとする者なら、ここで次の選択肢のどちらかに訴えるかもしれない。

1　Google Universe を概念として思い描くことはできるし、また実現も可能であると主張する。

2　唯物論はそのような筋の通らないシナリオには依拠していない、と主張する。

Google Universe が可能であると説く論証の例として、Google Universe が想定する立ち位置とはたんにわれわれ自身の立ち位置にすぎないという観察からスタートするものが考えられるだろう。Google Universe の立ち位置から、自分たちのいる場所が、物理学の言葉で記述できる時空間全体のなかにあることがわかる。このことは Google Earth にも当てはまるだろう。Google Earth で地球を眺めれば、いま自分がいる場所が見える。宇宙全体のなかにいる自分を眺めれば、それは宇宙の内側から眺めているのだ——。けれども、そう考えたところで問題が解決するわけではない。地球を視野に収めながら、自分たちが地球上にいるとわかる立ち位置が文字通り存在するのに対して、宇宙の場合——少なくとも唯物論者には——そうした立ち位置がないという問題は残されたままだ[18]。したがって、結局この選択肢は成算がなく、いたずらに議論を後戻りさせるだけである。

だから唯物論者としては、唯物論が筋の通らない思考実験にもとづくものではないと主張すべきだということになる。ここで唯物論者は、たとえばこんなふうに言うかもしれない。唯物論は、因果的あるいは法則的に閉じた宇宙全体についての洞察にもとづく、確立した説だ。宇宙は自然法則によって支配されている。宇宙のなかには物理的対象があり、物質やエネルギーからなる物や構造としてそれらは定義される。そうした物理的対象は、一個の全体、宇宙、自然、コスモスの一部をなしている、云々。

しかしこの段階でも、唯物論は、「形而上学」という言葉の少なくとも三つの意味で形而上学的立場を表している。

第一に、この説は、文字通りあらゆるものが同じ特徴を共有していると主張する。すなわち、(ほんとうの意味で)存在するものはどれも物質とエネルギーであり、自然法則によって支配されているという共通点をもつ。形而上学は、文字通りの意味での万物を扱う分野である。それは実在の本性、その組成、構造を探るもっとも普遍的な探究である。〝形而上学とは、つまるところ、未来の統一物理学である〟という主張は「物理主義」と呼べる。あるいは――たまたまではあるが――物理学そのものではなく物理学の本性をめぐる形而上学的解釈に立脚している点を考えて、「メタ物理主義」と呼ぶのが正確かもしれない。[19]

第二に、唯物論は経験的な主張ではない。経験的主張は、宇宙の具体的領域の成り立ちについて述べたものである。われわれは与えられたデータをもとに、帰納法やそのほかの正当な手法によって一般化をおこなう。しかしその性質からして、データ——すなわち情報——はつねにかぎられている。私の念頭にある「形而上学的」と「経験的」との違いを具体例で説明しよう。ボソンとフェルミオンのどちらも存在することは経験的事実である。この事実は、しかるべき方法によって突き止められた。そして、これらの素粒子に異なる性質を帰属させることには相応の理由がある。だからこそわれわれは、両者が別物だと考えるわけだ。ボソンについて何かを知るとは情報を得ることであり、それによってわれわれは、ある(種類の)物理的対象をほかの(種類の)物理的対象から区別できるようになる。これは情報にもとづく経験的知識である。われわれはこの知識によって理論を構築し、その理論によって何らかの現象の基本構造を理解する。このような経験的知識と対照的なのが、物理的対象はみなものであるとか、あらゆる物理的対象はそれ自身と同一であり、ほかの対象とは異なるといった知識である。これは経験的知識とカテゴリーも一般性のレベルも異なる知識である。こうした知識の主張を差し控えたり、あるいは特権的な事例に(または、そもそも何らかの事例に)その根拠を求めたりすることの意味はなかなか理解しがたいものがある。この種の知識はほとんど何の情報も伝えていないし、とくにこの抽象のレベルでは、自然的対象を区別する材料になるような情報を与えることもないのだ。

唯物論の主張は万物についての主張である。そのかぎりで、唯物論がそうした対象について教えてくれることは何もない。たんにそうした対象は、唯物論で存在しないとされる対象とは別種のものだと述べているにすぎない。唯物論が存在を認めない対象とは、非物質的な対象である。物質的対象は、性質が異なるから非物質的対象と異なるのではない。唯物論の眼目は、非物質的対象の存在そのものを否定することにある。そもそも存在しないのだから、物質的対象から区別される性質ももちようがない。唯物論者は、人からこれが非物質的対象だと指摘されて、その存在を認めるような、心の広い研究者ではない。そのような指摘を聞かされても、唯物論者はどこ吹く風と聞き流すからだ。数、共和国、小説や映画や夢に登場する架空の人物、色の感覚、信念——こうしたものはどれも、明らかに、物質とエネルギーからなる物理的対象ではない。唯物論者は、こうしたものが存在すると私が言い張っても態度を変えたりせず、その本性はどれも物質的なものだと説明して、科学的精神にもとづく世界観から消し去ってくれる理論探しにすぐさま乗り出すのだ。こうした理論的態度を見ただけでも、唯物論が形而上学的な見方であり、実際の科学的知見にもとづく経験的観点ではないことはすぐにわかる。唯物論が真であるという事実なるものを経験のなかに見つけることは、原理的に不可能なのだ。実際の経験的発見によって、非物質的対象の存在がありえないとされることはないのだから。

第三に、唯物論は、誰ひとりその姿を知る者がいなくても、そういう姿をしているものとして実在を説明すると主張する点でも、形而上学的テーゼである。唯物論が関わるのは、あくまでも理論から独立の事実であるとされる。ここでいう事実とは、われわれが発見すべきものとしての事実であり、それが真であるという信念をわれわれが抱くことで作り出される事実ではない。あらゆるものは物質であると信じることで、唯物論は真になるのではない。また、唯物論は実在の本性についての洞察であるといわれる。実際の科学的知識を利用しながら、経験によるテストや論駁はできないという特殊な洞察であるとされるのだ。

ここから生まれる緊張状態を簡単な例で示そう。ダニエル・デネットが唯物論の信奉者であることは疑いを容れないだろう。彼は『解明される意識』の時点ですでにこう述べている。「簡単にいえば、心は脳なのだ。唯物論者の考えでは、あらゆる心的現象が、放射能、大陸移動、光合成、生殖、栄養摂取、成長などを説明してくれるのと同じ物理的な原理、法則、原材料で(原理的には!)説明できる」(Dennett 1991: 33)。さて、ここで奇妙な感嘆符があることに注意しよう。一見すると、つつましさの表明のようにも見える。しかし、とどのつまりそれが意味するのは、カール・ポパーが「約束手形としての唯物論」(Popper and Eccles 1977: 205) と呼ぶものでしかない。心的現象を唯物論の観点から説明することは、いまのところ実現には程遠いからである。

いまの引用から三〇ページほど前の、全体の議論の冒頭部に注目したい。そこでデネットは、原理的な可能性そのものを否定することで、心の哲学における反唯物論に異を唱えてみせる。

こうした原理的可能性は、用心するに越したことはない。月までステンレス製の梯子をかけることも、はたまた千語以下の単語からなる意味の通った英語の会話を、アルファベット順に残らず書き出すことも、原理的には等しく可能である。しかし、どれも実際には少しも可能ではない。実際の不可能性が、原理的可能性よりも理論的に興味をそそる場合がときにはあるのだ。(Dennett 1991: 4)

まさしくその通り！　だがそこから酌むべき教訓は、いまある自然科学の知識にもとづいて唯物論が正しいことを立証するのは、実際には不可能だということだ。デネットにとってさらに不都合なことに、この三〇ページのなかには単純な方法論上の矛盾も見受けられる。つまり、一方で、意識の理論の構築は「こうした原理的可能性」とは反対の経験主義の精神にもとづくとされるのに、他方では、その経験主義的立場そのものが「原理的可能性」によって描写されているのである。

ここまでは、形而上学的自然主義——つまり唯物論——が、方法のうえで形而上学と経験的研究を混ぜこぜにしているため、うまく行っていないと論じてきた。要するに、帰納法もどきによって根拠の薄い過度の一般化をおこなっているということである。

現代の哲学で目をひく反唯物論の議論には、さらにべつのものもある。心の哲学と言語哲学のスリリングな接点から生まれた議論である。標準的な心の哲学では、心脳問題が扱われる。心的な要素が自然の秩序に収まる物理的な要素や過程——たとえば、脳内の一定の部位で起きる生化学的プロセス——とどう関係しうるのか、きわめて理解しがたいという問題である。けれども、心脳問題(本当にそんな問題があるとして)の厄介さは、どうしたら具体的に説明できるのだろうか。これに対する総論レベルの答えとして、意味にかんする哲学理論の概念装置、すなわち真理条件的意味論を利用したものがあげられる。大雑把にいえば、言語の断片とそれが関わる対象——一言でいえば、言葉と世界——との関係を研究するのが真理条件的意味論である。この意味論の文脈では、次に述べるような概念装置を再構成することで心脳問題にアプローチする。その装置によって、心脳問題がはらむパラドックスらしきものが再現されるのだ。『紫のけむり』という洒落た本でジョゥセフ・レヴィーンは、単称名辞がその対象を指示していると見なせる場合には二通りあると述べている。単称名辞とは、名詞や、「この部屋にあるいちばん高価な指輪」のような記述句をいう。まずひとつは、「ただのラベル貼り」とでも呼べるものである。[20] ただラベルを貼るだけで、話者は周囲の事物と意味論的に接触する。その事物と話者はすでに因果的に接触しており、はっきりとわかる特徴を結びつけなくても、その事物に適当なラベルを貼れるのだ。レヴィーンの言い方では、その対象は話者に「薄く」提示されている。つまり、その対象についてはありとあらゆることが考えられるが、そうした考えがまったくの的外れであることをすぐに認めることができるということだ(Levine 2004: 8–9, 118–9)。たとえば、最初の節での「ボソン」や「フェルミオン」の使い方は、かなり薄いものだった。なにしろ私は、核物理学者としての訓練を受けていないのだから。素粒子についてもっと専門的な知識をもつ人から、「お前の科学用語の使い方は基本的になっていない」と言われれば、私は喜んでその指摘を受けいれて考えを改め、もっと堅実な言葉づかいにつとめるだろう。哲学者たちがよく使う例をもうひとつあげておく。水と H_2O の同一性という、突き詰めれば不適切な例である。この同一性は、古代の哲学者にはまったく理解不能なものに違いない。[21] しかし、だからといって、タレスやプラトン――さらにいえば、カール・マルクス――が、ギリシャ語の「ヒュドール」やドイツ語の「ヴァッサー」という言葉を正しく使えなかったという話にはならない。「水」は、分子組成の知識のあるなしにかかわらず、われわれがあのびちょびちょしたものに貼るただのラベルでしかない。水の性質は、水を表す言葉の的確な指示的使用には必ずしも反映されないのだ。

レヴィーンは、このラベル貼りのケースとは異なるものとして、「厚い」概念、「現象的」概念、「実質的」概念をあげている(Levine 2004: 7–9)。私の目に何かが赤っぽく見えるとき、たとえば「この赤は奇麗だな」とか「この赤はあっちの赤よりも紫に近いね」といったようにそれを表現するとしよう。このタイプの主張は真偽が云々できるといえるが、肝心の言葉を対応する薄い言葉で置き換えると、真偽の判断はできなくなる。「波長が約六五〇ナノメートルの、このエネルギー構造は美しい」という言い方は、対象の提示の仕方として、赤っぽさの現象的経験にともなう美の判断にふさわしいものではないのだ。

さらに検討してみると、厚い概念と薄い概念の区別は、唯物論者への批判の材料には使えないことに気づく。というのも、唯物論には、単称名辞の薄い指示的用法と厚い指示的用法の違いを消し去る戦略がいくつもあるからである。例として、水とH_2Oの相違を考えてみよう。

水がH_2Oだと理解するとき、われわれは何かを学んだことになるが、それはふたつが違うからである。しかし両者の相違は、あのびちょびちょしたものという水の厚い現象的概念にも依存している(喉の渇きを癒してくれるボトルの水、疲れをとってくれるお風呂のお湯、十代の初恋の記憶を呼びおこす塩辛い海の水などがそうした概念だ)。水の蒸発、凝固、沸騰が分子の特徴によるということを教わり、水のさまざまな表面的性質のあいだに隠れた統一性があることに気づいて、最初はびっくりする人もいるだろう。しかしいずれにしても、水の現象的概念というものがあって、水も赤もただのラベルとは言えないことは確かである。(レヴィーン自身が認めるように)水の厚い用法で唯物論的説明が可能であることを考えれば、赤についての彼の議論も怪しくなってくる。どんな言葉であれ、厚い用法と薄い用法があるならば、(赤のような)具体的ケースで薄い用法があると指摘したところで、唯物論を否定する助けにはならない。せいぜいのところ、それはジャクソンの知識論法⑫の一種にしかならず、話はまたべつの論争にはまり込んでいくだけだ。[22] それはともかく、レヴィーンが追求していたもの自体は、この章の後半で述べる建設的なお話との関連でも、心に留めておいて悪くない。ただし、彼が提示した巧みな意味論的ギャップは、位置づけ問題につながるものではない。

デイヴィッド・チャーマーズは、唯物論批判の急先鋒として知られる。彼が論拠とする意味論的考察は、さきほどのものとはやや異なるが、重要な点ではよく似ている。それは、水のケースと赤色のケースの見かけ上の相違をべつの言葉で説明するものだ。「唯物論は偽であり、あるタイプの二元論は真である」(Chalmers 1996: xv)とチャーマーズはいう。彼によれば、唯物論は「幅広い支持を集めている教義であり……世界のあらゆるものは物理的である、あるいは物理的なもののほかには何もない、あるいは世界にかんする事実はある意味で物理的事実によって尽くされる、という教えだと一般には理解されている」(ibid.: 41)。唯物論への批判として大いに議論を呼んだ彼の「想像可能性論法」は、簡単に整理すれば次のようなものである。まずはじめに哲学的ゾンビという概念を用意する。物理的には実際の人間とそっくりのレプリカだが、内面的な生活をもちあわせていないのが哲学的ゾンビである。このゾンビは外見も内側も私とそっくりなのだが、いわばもぬけの殻なのだ。哲学的ゾンビというアイデアにもう少し説得力をもたせるために、次のようなシナリオ(可能世界)を想像してみよう。いま、ある惑星があって、その惑星では定期的に物質の配列が変わり、われわれの目から見て本物の人間が現れたとしか思えない形をとる。しかしそこにあるのは、どんなに細かく調べても人間とは区別がつかない、きわめて安定した物質配列だけなのだ。

ゾンビがわれわれのこの現実世界でもありうるとチャーマーズが主張しているのではないこ

とに注意しよう。われわれの世界では、私の物理的なレプリカ――つまり、いま私がいるのとはべつの場所にいる、私の正確なコピー――はいずれも、むろん意識があり、ある意味で私とおおよそ同じ経験をするだろうとチャーマーズは考える。だとすると、想像可能性論法は、最初の印象より弱くもあるし強くもあるということになる。弱いというのは、われわれの世界について非唯物論が成り立つことを立証するものではないからである。そして強いというのは、心と物質の同一性が原理的に立証不可能であることを示しているからだ。「われわれの言い方では、もし世界にかんするすべての肯定的事実が物理的事実に世界規模で論理的に随伴しているとすれば、唯物論は真である。これは、もし唯物論が真なら、神がひとたび世界にかんする物理的事実を定めてしまえば、すべての事実が定められたことになるという直観的な考え方をよく表している」(Chalmers 1996: 41)。論証を素描しよう。これはあくまで基本的なアイデアを説明するためのものであり、論証のこのバージョンにいちばん説得力があるということではない。

i　ゾンビを考えることができる(ゾンビの概念は論理的矛盾をはらんでいない)。
ii　ゾンビを考えることができるなら、ゾンビは可能である(誰もがゾンビである可能世界、すなわちゾンビ世界がある)。

iii 脳と心が同一ならば、脳と心の結びつきは形而上学的に必然である(同一性の形而上学的必然性を前提にすれば)。

iv 脳と心の結びつきが形而上学的に必然ならば、ゾンビ世界は存在しない。

v 唯物論が真ならば、脳と心の結びつきは形而上学的に必然である。

vi ゾンビ世界は存在する。

vii 脳と心の結びつきは形而上学的に必然ではない。

∴ 唯物論は偽である。

あとで紹介するが、実際の論証は致命的な欠陥を抱えている。しかし、哲学的に見てこの論証よりも興味深いのは、二次元意味論と呼ばれる楽屋裏のテクニカルなからくりのほうだ。やはりこちらも発想はごくシンプルで、理解もしやすい。

われわれが使う「水」という言葉にはふたつの意味がある。ひとつはチャーマーズが「一次内包」と呼ぶもので、つまりは第一義ということだが、「水」はあのびちょびちょしたものを意味する。タレスとプラトンが「ヒュドール」という言葉を使ったとしよう。かりに彼らが分子組成について誤った信念を抱いていたとしても、自分たちが何を話題にしているかは承知していたはずだ。もし水がべつの分子組成——たとえば、よく哲学者がいうようにXYZ——をもつとわかったとしても、タレスとプラトンは「ヒュドールの意味は知ってるさ」と言い続けることができるだろう。「水」のふたつ目の意味、「二次内包」は、言語的意味から実際の指示対象への関数である。「水」という言葉は、H_2O分子からなるものを実際に拾い上げる。そしてこのふたつ目の意味に即するかぎり、それは必然的である。理由は単純で、すべての同一性関係は必然的だからである。私が私であること、マインツがマインツであることは——かりにマインツなる人がいるとして——必然的である。もしマインツが存在するならば、当然それは未来においてもマインツに違いない。「男の子はいつまでたっても男の子」というわけだ。もし水がH_2Oと同一ならば、過去においてもそれ以外ではありえない。チャーマーズの意味論的解釈によれば、これらのことは、「水」という言葉の使用がふたつの次元で評価されることを意味している。つまり、自然の事実(これは言語パターンの指示の働きに関係するものだ)がどういうかたちで解明されようと、自分が何を意味しているかを知っているといえる次元がまずある。そしてもうひとつは、「水」がある特定の分子組成をもつものを実際に指示していることを考慮する次元である。この次元では、「水」という言葉が実際に指示する対象は、科学によって明らかになったその姿以外のものではありえない。

これはあくまで意味論のモデルであり、水という言葉がさまざまな言語、方言、個人言語⑬で実際にどう用いられているかを言語論的に述べたものではない。それを踏まえるならば、大切なのはモデルがさしあたり安定していることだけである。明らかにこのモデルはつじつまが合っていないとは言えない。またチャーマーズらも、テクニカルな面でかなりの委曲を尽くしてそれを示そうとしてきた。[23] そこまでは問題ない。

さて、チャーマーズは次のように指摘する。心的語彙、つまり心をもつ意識の主体として自己を表現するのに用いる語彙は、一次内包と二次内包が截然と切り離せない。いま私がこの文を書いている部屋は暖かくて居心地がいいが、この感じを材料に考えてみよう。この感じは、運動エネルギーに始まり、自然環境に皮膚がさらされた結果として生じる情報処理の複雑な構造にいたる、きわめて込み入った物理的性質のネットワークと因果的に結びついている。しかしだからといって、この暖かい感じがある自然種に属するひとつの状態で、その一部としてトランプの大統領選勝利に覚えた怒りを含んでいると考えるのは、あまりにも奇妙だろう。そのようなことは、このさき経験的探究がどう進むかにかかわらず、ありえないといっていいくらいだ。この考え方はとても受け入れられそうにない。「室温が突如怒りへと変化した。だから、変化のプロセスを説明しなくては」などということにはならないのである。それに対して、多くの自然現象――たとえば、かつて「電気」や「磁気」と呼ばれていた現象など――はひとつのグループを形づくっており、いずれも同じひとつの現象の多様なあらわれであることをわれわれは知っている。そして、問題のその現象とは、かつて電気について十分な知識をもたずに語っていたときの現実の指示対象、すなわち二次内包を確定してはじめて明らかになることも知っている。われわれの現象的経験は、ニューロンのレベルで起きていることと、必ずしも――あるいは原理上――根本から異なるわけではない。当事者が報告できる現象的状態とはまったく異なる状態が、三人称の視点によって見つかることはないのだ。

われわれは自分の心に特権的にアクセスできる、というのが昔からあるデカルト的直観である。チャーマーズによれば、彼なりに定式化し直したこの直観は二次元意味論によって裏づけられる。「われわれは世界のほかの何ものにもまして意識を親しく知っているにもかかわらず、意識以外のことの方をはるかによく理解している」(Chalmers 1996: 3)。しかし、実際のところは逆のようだ。つまり、現象的概念の厚い用法のようなものがあることを二次元意味論がかりに示せるなら、しかるべき次元においてわれわれがアプリオリに意識を知っており、十全に理解していることが示せるのである。したがってそこには、神秘も、大いなる謎も、ハードプロブレムもない。われわれはただ意識を内側から知っており、十全に理解している――少なくとも、この意味論におけるふたつの軸のひとつでの、心的語彙の使用能力というレベルでは。心脳問題への二次元意味論の適用によれば、ふたつは根本から分離できないので、それ以上の問題は何もなさそうだ。

単称名辞の指示の仕方には意味論的ギャップがあり、そのギャップが、心的語彙にかんする反唯物論の裏づけとなっている――こうした考え方に対して、唯物論者が異を唱える余地は十分ある。レヴィーンと同じくチャーマーズも、そうした反論として思い浮かぶものをいくつか取り上げげて、技術的に洗練された興味深い応答をくわしく述べている。[24]いまそこに立ち入るのはやめよう。また細かい話も脇におく。レヴィーンやチャーマーズなど多くの論者が唱える、心的語彙には特別な点があるという基本的なアイデア――少なくともプラトンにさかのぼるアイデア――の要点は、私も正しいと思う。

しかし、意味論的ギャップを自然の秩序のなかに位置づける彼らのやり方にはまるで賛成できない。意識をもつ心を、その意味論的な特異性も含めて自然の秩序に組み入れようとするとき、お決まりのように採られる路線がある。チャーマーズの有名な本の最後のおよそ一〇〇ページにもそれが登場する。[25]チャーマーズは、意識をもつ心を、意識をもたない基本的な物質のレベルにまで還元することはできないが、それを自然の秩序に統合することは可能だという。自然の秩序が、唯物論者の思い描くとおりの姿をしているとしよう。その場合、チャーマーズの戦略にしたがうならば、自然の秩序には属さないとされる意識をもった心に対して、それが存在する余地を自然の秩序のなかに設けてやる必要がある。そこでチャーマーズは「不思議な組織」(Dennett 1991: 40)の戦略に訴えるのだ。これはデネットが、この種の戦略を指すためにつくった挑発的な造語である。過去一〇〇年にわたって多くの論者がそうしたように、チャーマーズも量子力学のさまざまな解釈に着目する。それを拠りどころとして、物質とエネルギーの領域についての考え方が根本から修正される可能性をさぐるとともに、新たな種類の物質的対象や法則を受け入れる余地を確保しようとするのである。そこには、意識をもった、あるいは意識の萌芽を宿した、新たな不思議な組織をつかさどる自然法則が含まれるかもしれないと考えるわけだ。

心の位置づけ問題を解決するために、いまだ科学で解明されていない宇宙の特徴に訴える戦略を「思弁的(メタ)フィジックス」と呼ぶことにしよう。[26]この戦略を代表する人物として歴史上もっとも有名なのはフリードリヒ・ヴィルヘルム・ヨーゼフ・シェリングだろう。実際、彼は医学と神経生物学に影響を与えているし、当時の最先端の科学にも通じていた。また、『思弁的自然学雑誌』も創刊している。掲載された論文の狙いは、自然概念を拡張して、意識をもった心と、先史時代におけるその段階的進化を受け入れることにあった(Schelling 2017, 2014)。

近著『心と宇宙』でトマス・ネーゲルは、プラトン、シェリング、ヘーゲルの系譜にみずからを連ねている。宇宙における心の位置について、彼らは目的論による説明を全面的に展開したが、ネーゲルが同書で提示したのはその簡易版である。[27] たしかにネーゲルは、客観的観念論者と同じ出発点に立っている。科学は、理解可能性というある種の観念論的原理にコミットしなければならない、と主張するからだ。一般に、観念論の理解可能性原理によれば、実在は少なくとも理解可能であり、実在は原理的に人間の知的好奇心の及ばないところにあるといった極端な仮説はアプリオリに排除してかまわない。[28] 進化理論や、生物学のさまざまな領域におけるその適用では、理論の説明モデルが説明対象である実在と共鳴することが想定されている。進化理論では、いろんなことがアプリオリに――つまり、経験的なデータや構造にモデルを適用することなく――除外される。自然界は太古の昔にさかのぼる痕跡とともに五分前に存在するようになったのではない。同じような理由から、若い地球説をはじめとする懐疑論的仮説も、実際の科学では排除してかまわない。進化理論は、客観性を目標に掲げる理論がみなそうであるように、思考と実在の一致のうえに成り立っている。両者の一致関係を見れば、理論によって把握される実在のがわに、理論づくりを本質的に不可能にする要素などないことは確かである。

よくよく検証してみれば、宇宙全体にかんするいかなる見解も、陰に陽に思弁的仮定に依拠していることがわかる――ネーゲルはそう正しく指摘する。だとすると、少なくとも宇宙は、理解と説明を追い求める研究と必ずしも両立不可能ではないと見てかまわないだろう。弱いかたちの人間原理によれば、われわれのような科学的観測者が存在するという事実から、そもそも宇宙は思考が及ばないものではないことが言える。思考は宇宙それ自体から生まれ、宇宙をつかさどる法則にどうにかして適応したからだ。心というものを、人間の心や理性では原理的に理解しえない法則によって支配されているかのように描くのは、根拠のない懐疑論のような感じがする。

しかし、理性が実在すること、理性は理性の外部にある原理（たとえば進化生物学が発見した原理）に還元できないことを説得的に論じたあと、ネーゲルはいきなり結論に飛びつく。いわく、われわれには新たな未来型の科学が必要だ。宇宙には宇宙のことを理解する知的生命体を生み出す傾向があるという、弱いかたちの人間原理を尊重する科学が。宇宙は知的生命体の進化を経てしだいに目覚めていく。そしてついには、宇宙は人間の科学のなかに自分の姿が映し出されるのを眺め、みずからの存在と、世界全体のなかに占める意識の位置づけを理解するようになる――。そんなロマンチックな考えに浸って、ネーゲルは嬉々とするのだ[29]。

　ネーゲルのロマンチックな思索は、広く共有された前提を背景にしてはじめて理解できる。人間の心をどうとらえるにせよ、少なくともそれは、心的現象を自然の秩序にあますところなく統合できるものでなければならない、という前提である。思弁的メタフィジックスは、量子力学に訴えるチャーマーズのものであれ、自然哲学のスタイルをとるネーゲルのものであれ、唯物論者の理解するような自然の秩序に属しえないものとして心をとらえる、心についての見方の副作用として生まれたものだといえる。自然の秩序のなかに心を収めようとすることはもともと唯物論者の企てなわけだが、彼らは唯物論者にゲームのルールを委ねておきながら、そのルールをゲームの途中で変えようとしているのだ。しかし、つじつまの合わないこうしたごまかし芸で唯物論者が納得するはずもない。むしろそのようなやり方では、唯物論者にこう仮定する格好の口実を与えることになる。すなわち、あくまで唯物論に徹した世界観と、魔法や思弁の付録がついた唯物論的世界観のどちらかを選ぶしかないならば、心についてもしっかりとした唯物論があってしかるべきだ、と[30]。

III　説明構造としての精神

本稿のもとになった講義では、聴衆の大半が目を覚ましていた。多くは私の議論を追いながら、ギャップや不備を探したり、結論が何なのかを理解しようとしたりして、私の主張が受け入れられるものかどうか判断しようとしていた。部屋にいる誰もが何らかのことを感じていた。また、部屋にいる誰もが、三〇万世帯以上の中国人家庭に複数の靴があると信じていた。講義のあいだ起きていた人も、空想にふけっていた人も、私の声を注意深く、あるいは意識のはしにおきながら聞き、私の所作を見ていた。少なくとも、私の指摘する現象に注意を向けられる程度には。

以上の説明は、私が担当した哲学の講義がどういうことがらの上に成り立っていたかを述べたものだ。講義というこの出来事には、上で述べた事実に加えて、社会的・歴史的条件が明らかに関わっている。たとえば、講義をしている平均的な哲学者にベリーダンスは期待できないといった事実である。現代の科学重視の風土では、ストレートに考えを述べる代わりにアフォリズムを読み上げるなどといった、あまりに芸術家然としたパフォーマンスも哲学者には期待されていない。

デネットの有名な言葉をかりれば、さきほどの描写は志向的スタンスによる説明ということになる。脳内で情報が処理される話や、音波が情報へと変換され、さまざまな回路で脳内を伝わるといった話をせずに、何が起こっているかを説明しているわけだ。重力や自然法則にも言及していない。とはいえ、このような哲学の講義などでも、そういったものが必要条件になるのだが。

さて、暫定的にではあるが、これでようやく心と自然を区別できるようになった。両者をへだてるギャップそのものを自然のなかに位置づけようというのが自然主義の立場だが、ふたつをさしあたり区別することで、そうした自然主義の圧力に屈することなく、ギャップのありかを正しく見定める方向に進むことができる。一例として、疎水性分子のような自然種を説明するケースを考えてみよう。われわれは日常の言葉でそれを拾い上げて、具体的な特徴を述べたり描写したりする。だがその自然種は、実は、そうした特徴づけや記述とまったくかけ離れたものかもしれない。そして、その可能性を認めることには正当な理由がある。葉っぱの水滴の動きは、人間や動物の観察者の目には小さな真珠が零《こぼ》れ落ちていくように見えるが、この現象は疎水性によって説明できる。しかし、青々とした草原で真珠のようにきらめく水のしずくを描写する詩人が、疎水性を思い浮かべているとはかぎらない。葉上の小さな真珠という現象を説明しようと思うのなら、さまざまな自然種の自然の相互作用という観点によるのが――最善ではないにしろ――まずまず上首尾なやり方には違いない。このことは、自然種を表す言葉が隠れた意味の契機を秘めているという考え方にも映し出されている。つまり、ふつうの話者が当該の言葉を適切に用いている場合でも、そこには、必ずしもはっきりうかがえるとはかぎらない意味が含まれているという考え方だ。水のしたたりを記述する詩人は間違いを犯しているわけではない。たんに自然種の本質を言おうとしていないというだけだ。詩の文脈では、これは少しも失敗ではない。詩的言語が欠落しているからといって、科学論文が誤っていると言われないのと同じである。

心というものにかんしては、現われと実在の区別、言葉の表層的な使用とその本質的な指示の働き――ふつうの話者には隠れて見えないかもしれない――の区別は、ある地点で成り立たなくなると多くの論者が指摘してきた。デネットのように唯物論者を自認する者たちであっても、意識にかんして、現われと実在の区別が成り立たないことを彼らなりのやり方で示している。意識の場合、何らかのレベルで、現われが実在なのだ。

言葉のこうした意味論的なふるまい〔自然主義の語彙と心的語彙の意味論的な違い〕が、一定の複雑さをそなえた生物と無生物のあいだにある自然のギャップではなく、自然種と説明構造としての精神とをへだてるギャップの特徴だと考えたらどうか、というのが私の提案だ。標準的な心の哲学における反唯物論的スタンスから距離を置くために、私が描写しようと思う現象を「精神《ガイスト》」という言葉で表すとしよう。そして、みずからを知的な行為主体と見なす由緒ある伝統にも触れていこう。英語には「精神」と厳密に等価な言葉はない。mind（心）も spirit（魂）もぴったり同じではない。私がドイツ語の言葉にこだわり、読者にそれを専門用語として受け取ってほしいとお願いするのも、それが理由だ[31]。

自然種と精神というこの区別は、次に述べるふたつの誤りを分けて考えればわかりやすい。ある自然種について私が誤った信念を抱いていると想像してほしい。たとえばゲージ・ボソンとスカラー・ボソンの混同である。というのも、このふたつのタイプのボソンがどう違うのか、私は正確には知らないからだ。けれども、混同しているからといって、粒子の本質が変わるわけではない。私がどんな誤った信念を抱いていようと、それとは関係なしに、ゲージ・ボソンとスカラー・ボソンはそれぞれ独自の性質をもつ。さて今度は、私が自分のことをスカッシュの一流選手だと勘違いしていると想像しよう。友人たちとスカッシュをしたらどんどん上達して、世界チャンピオンになれると思ったのだ。大会で負け続けても、スカッシュの大物選手だという勘違いはあいかわらずで、連敗はたまたま相手の運がよかっただけだといって片づけてしまう。何らかの心理学的要因が働いたせいもあってか、自分がとびきり優れたスカッシュ選手だという誤った信念は、本格的な妄想へと発展し、人生すら大きく左右してしまう。

ボソンについての自分の理解が間違っているからといって、ボソンが変わるわけではない。だが、虚妄は自分自身を変えてしまう。しかも多くの場合、まるで別人のように変えてしまうのだ。実のところわれわれの生活は、隅々にいたるまで、いろんなかたちのバイアスがかかった自己表象のうえに成り立っている。誰でも経験の中心には自分の利害があるし、知覚したり考えたりする対象はみな、多様な、自分が何者であるかの説明——しばしば物語を介した説明——のなかに位置づけられる。[32] 虚構の物語をつむぎだす多様な能力という次元をぬきにして、人の行動を説明するのは事実上不可能といっていい。社会と歴史と政治の領域は、その全体が虚構の物語をつむぐわれわれの能力にもとづいている。そしてこの能力こそ、一八世紀のカントの「視霊者の夢」(Kant 1992) に始まる、「精神」の哲学の伝統で中心的位置を占めてきたものだ。この伝統の考え方——そこにはヘーゲル、マルクス、ニーチェが属し、デネットなど唯物論の衣をまとった哲学者にも受け継がれている——によれば、精神は自然種ではない。心的語彙のもとに包摂される現象に対してわれわれがもつ関係は、自然現象に対するわれわれの関係と大きく異なるから、というのがその理由である。

注目すべきは、デネットが疾病や地震といった自然現象と、「われわれの概念に依存する現象」を区別している点である。「本書で展開する意識観によれば、意識もまた、愛やお金と同じように、それに関連したもろもろの概念に驚くほど左右されるものであることが明らかになる」(Dennett 1991: 24)。残念ながらデネットは、関連概念に意識がどの程度左右されるのか、意識が愛やお金とどう違うのか、明確にはしていない。

また、たとえ心的語彙が概念に依存する現象に関わるものだとしても、ここで「意識」という言い方はすべきではない。「意識」という包括的な用語には、自然種を拾い上げる用法があるからだ。たとえば目覚めていたり、鮮やかな幻覚のような夢を見ていたりするときの動物的な状態がそれにあたる。われわれの自己記述の一部について、自然主義的な把握の可能性を残しておくために、「人間の概念に依存する現象」である人間の心の特徴を「精神」という語で表すことにしよう。これは、はからずもデネットがヘーゲル風に述べた表現である。というのも、ヘーゲルの精神哲学は、「精神は概念に依存する現象の領域である」というスローガンに要約できるからだ。肝心なのは、精神は一個の自然種でも、複数の自然種がかたちづくる複雑な構造体でもなく、「精神」の現象を指摘するのに用いられる具体的記述を離れては存在しない、なにものかであるという点である。これが哲学の論文であり、私が読者と意を通じあわそうと意識してこの言葉を綴っていると読者が思わなければ、あるいは私がデネットの著作を読んでいて、本や異論がいろいろあることを私が知っていると読者が思わなければ、哲学の論文というものは存在しないだろう。哲学の存在そのものが、精神とかたく結ばれているのだ。哲学は精神的なものなのである。

皮肉にも、私のいう「精神」というカテゴリーをデネットが導入した目的が、それを「消し去ること」にあった点に注意しよう。「人間の概念的思考の脱意識化の時代」(Dennett 1991: 24)というわけだ。しかし、彼の消去主義的唯物論⑭という看板が意味をなすのは、これまたやはり、自然の秩序に対する唯物論的な見方と、次の前提を背景にしてのことである。すなわち、人間の心というものは、自然の秩序に組み込むことができるか、もしくは存在する事物の存在論的領域から消去することができる、という前提である。「このように脳とは区別して、心はふつうの物質ではなく何か特殊なものでできていると考えるのが二元論である。当然ながら、今日この考え方は評判が悪い」(ibid.: 33)。

たしかに、精神がほかに例を見ない特別な物質ならば、いまあるような悪評はうなずける。

また、少なくとも哲学の黎明期から評判は悪かったはずである。しかし、読者がいま目覚めていること、ボン大学がドイツの納税者によって財政的に支えられている組織であることを私は根拠のある前提としているが、こうした前提は何らかの物質――通常のものであれ、特別なものであれ――によって構成されているとはとても言えないだろう。[33] 税制は自然の秩序には属さないし、ふつうはそれを自然の秩序に組み入れようとも思わない。唯物論こそが正しい形而上学であること。物質やエネルギーの性質がはっきりとはうかがえない現象を消去したり自然の秩序に組み入れたりしてはじめて、唯物論の真価を見定めることができること。このふたつの点をあらかじめ納得していないかぎりは。

「自然の秩序」という言葉の使われ方に即するかぎり、この概念の核心は、自然種からなる秩序だということだ。ひるがえって自然種とは、たとえヒトが進化することでそのあり方を理解するようにならなかったとしても、依然として同じあり方をしているであろう事物である。進化の結果として理解するようになるヒトがいなかったとしても、変わらず成り立つであろう事実のことを「様相的にもっとも堅固な事実」と呼ぼう。三人称の視点による「科学的客観性」の概念は、様相的にもっとも堅固な事実と、それよりは劣る様相の堅固さとを区別するポジションを提供してくれる。われわれは様相的にもっとも堅固な事実の概念を自由に使うことができる。だからこそ、多種多様な事実にかんして、様相的にもっとも堅固な事実とは異なるそうした事実は自然の秩序に収まるのか、収まるとすればどのようにかという疑問が生じてくるのだ。〝主観的観点による思考や思惟や経験によってはじめて存在するものが、どうして自然の秩序の一部となりうるのだろうか？〟と。

この疑問に対してはこう答えたい――成り立つかどうかがわれわれの概念に左右されるような事実は、自然の秩序の一部ではないと。ただし、われわれが認識することによってはじめて成立するさまざまな事実のあいだに、重要な連関がないということではない。もっともその連関は、心の哲学でふつう考えられているタイプのものではないだろうが。くわしく説明しよう。

心と脳がどう関係しているのかという問題は、問いの立て方がとにかくよくない。ひとつには、「心」の概念が、「意識」の概念よりもさらに雑然としているという事情がある。[34] 心という概念は無数ともいえる意味あいで用いられており、その意味も時代や場所で大きく変わる。しかもそれは、人びとが自分の心についてどういった信念を抱いているかによっても変わるのだ。これは意外でもなんでもない。「心」や「意識」は、「思考」「認知」「意志」「感情」「情動」「自意識」「気づき」といった心を表す一群の関連語とともに、大きな説明の文脈で導入されるものだからである。先史時代の祖先たちが残した絵の記録からわかるように、長きにわたって人間は――その意図が読みとれるかぎりで、ということだが――自分の行為を世界全体というもっとも大きな文脈で理解してきたのである。

先史時代の記録は、大胆な神話的思弁に染まっているといっていいだろう。ホメロスが描く自己の内面や、ヴェーダーンタ哲学のさまざまな経典を理解する難しさはいうまでもない。ましてや、洞窟の壁画となると、その困難は計り知れないものがある。せいぜいわかるのは、宗教的な畏怖の表現から狩猟の手引きにいたるまで、ほとんどあらゆる目的のために描かれたらしいということまでだ。心のありようの絶えざる移ろいは、人間がみずからの行為を大きな文脈で理解しようとしている事実を物語っている。そしてその文脈はふつう、想像しうるかぎりでもっとも大きなもの、すなわちひとつの全体としての世界、あるいはひとつの全体としての世界だと人間が信じるものである。心が自然の秩序のなかに収まらねばならないという考えは、ごく最近の神話にすぎない。それは、人間の行為を説明するにあたって、関係のあるあらゆる現象を一個の包括的構造のなかに収めようとするきわめて新しい試みなのだ。近代において人間の自己像が発展していった背景には、世界観の変化があった。ただしそれは、より良いものへとむかう変化ではなかった。唯物論や自然主義では、一個の全体としての世界が宇宙あるいは自然と同一であること、現実に存在するとは一個の全体としての世界――つまり自然――の一部であることが前提にある。しかし、そういった考え方は、ここで自然の秩序が行為を説明する要素として持ち出されているという事実をないがしろにしている。行為が世界にどう収まるかを理解するために描かれた世界観から、行為を説明する要素を消し去ることはできない。それを消し去るのは、説明対象を歪めるものでしかない[35]。

この場合、説明対象にかんして重要なのは、それが本質的に概念に依存するため、絶えず変化しているという点である。われわれの行いは、自分がそれをどう見るかということと切り離せない。歴史のなかの行為主体であるわれわれが知る人間の行為は、つねに、制度がつかさどる非自然的文脈に組み入れられている。心的語彙の一つひとつに対して、自然の秩序に属する指示対象を割り当てたり、その言葉を言語から消去したりすることで、その語彙がはらむ意味論的混乱を一掃しようとしても無駄である。そんな努力をしたところで、科学的精神をもつ思想家の見識ある共同体ではなく、制度や歴史の欠落した社会があとに残るだけだ。

精神は、行為を説明する文脈で援用される説明構造である。行為主体である人間が行うことの一部は、その行為が歴史的に変転していく人間観に照らしてなされるものであるという事実を十分に踏まえることで、はじめて説明される。人間は、なんらかの人間観をたずさえて生きている。この人間観は、一個の自然種を拾い上げるものではない。錯誤のカテゴリー的区別についての考察が、そのことを裏づけてくれる。ある自然種（たとえばフェルミオン）について間違った考えを抱いたからといって、その自然種が変化するわけではない。フェルミオンのスピンは、われわれの知識が正しいか誤っているかにかかわらず、現にある通りのものだ。しかし、行為主体としての自分を誤解して、人間であることは動物種のひとつであることと同じであり、われわれはその動物種のメンバーにすぎないと間違って信じ込むならば、行為主体のあり方はたちまち変化してしまう。人間を動物としてのヒトとすっかり同一視してしまう生物学的自然主義は、独自の規範に照らして道徳実践に修正をせまるという意味で、われわれの価値体系に異を唱えるものだ。その根本規範は、「人間であるとは、動物界、つまり地球という動物園において一定の役割を担うことにほかならない」という主張に発している。これは精神の領域への侵犯行為でしかなく、（いまのところ）首尾よく精神を消去するものではないのである。

Ⅳ　新実存主義と、心と脳の条件モデル

心的語彙には、その一部として、自然種を指示しない要素が含まれている。そうはいっても、

その語彙のなかに自然種を拾い上げるべつの部分がある可能性が、アプリオリに排除されるわけではない。目覚めている状態や、われわれが意識的に経験する種々の強い衝動はこのカテゴリーに入る。心的語彙は、さまざまな自然言語や個人言語において、時代や場所により異なる姿を見せているのが実情である。なにか特別なかたちに統一されるわけでもない。将来の行動を予測したり調整したりといった、行為の説明が重要となる文脈で、ふつうそうした語彙が使われるという事実があるだけである。

ここでもうひとつ重要なのは、心的語彙が、「素朴心理学」[15]のような理論を構成することではは統一されないということだ。素朴心理学は、自然主義という形而上学を原動力とする、人間の心についての見当はずれな理論的措定物でしかない。文学、宗教、哲学、科学、法律、告解の慣行、政治などの歴史から受け継がれた心的語彙には、形式的な核があるだけだ。話者や文化のあらゆる違いを超えて、人間の心というものを特徴づける統一的な素朴心理学など存在しないのである。

新実存主義の考えでは、この形式的な核は人間を理解するという活動そのものにある。その理解は、無生物の匿名的プロセスや、人間以外の生物から人間が区別されるのは、いかなる機能や概念的能力によるものかを説明することでなされる。この形式的な核こそが、既知のあらゆる生命体とわれわれとを分かつのだ。

実存主義の伝統に連なる思想家として、カント、ヘーゲル、ニーチェ、キルケゴール、ハイデガー、サルトルがいる。彼らが共有する最小限の前提は、精神、つまり人間の心に制度をつくる能力があるという信念である。人とのまじわりのなかで、行為やそれについての説明が大きな文脈のなかにどう収まるかをイメージし、そのイメージに照らしあわせて制度を構築する能力だ。人間は、いかなる状況においてもいまいる位置を超え出て、ものごとの連関という、より大きな地図のなかに自分を絶えず置きなおす。われわれは、ほかの人びとがべつの前提のもとに生きていることを踏まえて、自分の人生を生きている。だからこそわれわれは、同類であるほかの人間がわれわれをどう見つめ、現実をどうとらえているかに関心を寄せるのである。

あいにく実存主義の伝統は、心脳問題を回避するもっともな戦略はもちあわせていても、この問題にかかわる論点を直接取り上げることはあまりない。だが新実存主義は、問題を小さくしぼませることでこれに正面から取り組もうとする。新実存主義は反唯物論の立場にたって、次のように訴えるのだ。現象が生起するとされるもっとも大きな枠組みは、自然の秩序ではない[36]。われわれの概念的把握に本質的に左右される現象を、自然科学の見地から分析される自然種の表現型としてひとまとめに考えるのは見当違いである。何千年ものあいだ志向的スタンスで記述されてきた現象、われわれが心のなかで起きるその経験を記録してきた現象が、自然のなかにその等価物を見つけることで、あますところなく理論的に統一できるなどと期待すべきではない――。

しかし、新実存主義が標的にするこうした考え方こそ、私が議論の喚起を狙った近著（Gabriel 2017）で「ニューロン中心主義」と呼んだイデオロギーを背後から支えるものだ。イギリスの老人病専門医レイモンド・タリスにならって、同書で私は「ニューロン中心主義」（彼の言い方では「ニューロン神話」）にふたつの軸があると述べた。ニューロン熱とダーウィン炎（Tallis 2014）である。私の理解では、ニューロン熱とは、脳を、あるいはより正確には神経回路を、洗練した心的語彙に対応する自然種と同一視することである。また、ダーウィン炎はそれと関連する病気であり、人間のあらゆる行動を進化生物学や進化心理学の観点から説明しようとするものだ。「文化進化」や「ミーム」の概念はこうした錯誤のグループに属している。歴史はいまの進化理論の用語で説明がつくという含みが、そうした概念にはあるからだ。パーティ・ジョークのネタとしては、こういう説明もまんざら悪くはない。だが、「ヒトの配偶行動は、生物としてのわれわれの脳に生まれつき組み込まれている、自分の遺伝子を広めようとする無意識の意図のおかげであり、その意図の存在が知られるようになったのはほんの最近のことだ」と言ったところで、あまりうまい説明とは思えない。実際、進化理論の用語やそこで実質的に妥当とされる推論を心的語彙に統合すると、その副作用として精神のレベルで変化が生じてしまう。そうした統合のせいで、基本的に自然種を拾い上げるものではない用語について、それが自然種を指示していると間違って思い込むようになるからである。これはうっかりミスでも認知エラーでもない。人間の心についての誤った信念は、行為主体のあり方を変えてしまうのだ。ちょうどスカッシュのヘボ選手が、自分をワールドクラスのプレイヤーだと妄想した結果、ただの虚妄にとらわれた選手になってしまうのと同じである。冴えないスカッシュ選手であることと、自分がかなりの選手だと誤って思い込むこととの差は大きい。その違いは、病的な行動に走る原因にもなりうる。ロジャー・スクルートンは、彼のいう「生物学的還元論」について同じような指摘をしている。

われわれの心の状態は志向性をともなっており、そのため世界をどう概念的にとらえるかに左右される。また、感情の対象を、「科学的」と称される新しい方法で概念化するようになったとき、その感情がなんの影響も受けないとはとても考えられない。悪人に対して憤りを感じても、「あれは中枢神経系のインパルスにしたがうだけの自動機械だ」と説明されれば、その気持ちは根底から揺らいでしまう。それと同じように、性愛の対象が性科学の疑似科学的な業界用語《ジャーゴン》で説明されると、その種の感情も褪せてしまうのだ。(Scruton 2017: 58–9)

動物の世界の一員である人間は、基本的・本質的に生物学的機械であり、その目的はわれわれが知るあらゆる生命体の目的と同じである――こうした考え方は、貧弱なデータを乱暴に一般化しすぎたものでしかない。これがもっともらしく見えるのは、われわれの抱く人間観が途方もなく多様であること、その知識は歴史的・社会学的に媒介されたものであることを無視したときだけである。人間のあり方は、自分自身をどうとらえるかに本質的に左右される。自分が描いた自画像をふまえて、人は行動するからだ。

新実存主義は形而上学的に見て極端な見解ではないのか。不本意ながらもデカルト的二元論を継承してさえいるのではないか――。そうした疑問が浮かぶかもしれない。これは哲学者が自然主義に反対するときに決まって向けられる疑念だ。私の見解がそうした反応を招くことはないだろうが、その理由を理解するために、自転車とサイクリングの関係について考えてみよう。この関係は、新実存主義の存在論のコンパクトなモデルを提供してくれる。明らかに自転車は、サイクリングのために必要な物質的条件である。自転車がなければ、サイクリングにでかけるのは不可能だ(もちろん、三輪車などが手元になければの話だが)。このこと自体は、形而上学の深遠な洞察でもなんでもない(はずだ)。また、自転車の物理的特徴はサイクリングの行動範囲を決定する。私の通勤用の自転車でツール・ド・フランスに優勝できる人はいない。ところが、自転車とサイクリングの行動範囲の関係は、心脳関係を理解するうえで主軸となる伝統的概念を使ってはモデル化できないのだ。自転車はサイクリングの原因ではない。自転車はサイクリングと同一ではない。サイクリングは理論的、存在論的に自転車に還元できない。しかも、実際には自転車だけが存在すると主張したところで、サイクリングが消去できないのも確かである。せいぜい、サイクリングは自転車に随伴していると言えるだけだ。そしてそれが意味するのは、サイクリングができるのは、事象が自転車のレベルで物質的に実現されたときだけであるということでしかない。しかし、このような言い方にあまり情報量はない。自転車はサイクリングの必要条件であるという主張を繰り返しているにすぎないからである。

心的なものが自然の秩序にどう収まるのかが本当に問題となる場面では、例外なく、心と脳の関係はサイクリングと自転車の関係のようなものと見ることができる、というのが私の主張だ。この場合、ふたつの関係に共通するのは条件モデルである。つまり、どちらの場合も、いくつもの必要条件が組み合わさって十分条件が整うという関係に帰着するということだ。心を表す言葉を用いることが正当といえるには、しかるべき条件をみたす必要がある。ちょっとした用心や、無意識的な感覚登録について話すことにも、新実存主義を主張したり、一神教が政治神学にとってもつ意味を考えたり、ピーナ・バウシュが振り付けた『アリア』を演じたり、大統領選に立候補したりといった精神の活動にも、そうした必要条件がともなうのだ。

私のこの身体に起きうること、いわんや私の脳や神経系に起きうることだけでは、こうした活動の実現にとって十分ではない。もっといえば、成人の意識的な知覚でさえ、外部の対象やそれにかんするわれわれの概念的把握が本質的にともなう以上、自然種のカテゴリーには属さないのだ。ただし、ひとつの心的状態を分析して導き出したさまざまな条件のあいだの関係が、因果的な関係だということではない。因果関係と呼べるのは、そうした分析の一部のレベルについてでしかない。あらゆるレベルを因果関係が支配しているわけではないのだ。たとえばワインをテイスティングして「モダン」だとか「スモーキーなワシントン・ピノ・ノワール」だといったように正しく判定するには、一定の概念を習得しなくてはならない。そして、そうした活動が成り立つためには、味蕾《みらい》や健康な身体といった自然種をはじめとするさまざまな要素が必要になる。しかし、だからといって、私の味蕾が「いま味わっているワインはスモーキーなワシントン・ピノ・ノワールだ」という判断を引き起こすということではない。私の味蕾がさまざまな因果関係のなかにあるのは確かだろう（観察可能な宇宙のほぼ全体との関係も、そこには含まれる）。だが、諸々の条件が織りなすネットワークの一部を担っているからといって、条件の階層構造のなかで味蕾が原因として働いているという話にはならないのである。

新実存主義は、心と脳の条件モデルを提案したい。心と脳の関係は、与えられた状況を複数の必要条件とそれを組み合わせた十分条件とに分析してはじめて浮かび上がってくる関係だということだ。こうした見方は不可欠性論法にコミットしている。[37] 自然種にわれわれがアクセスできるのは、行為の説明が重要となる状況を介してである。そしてそうした状況は、何かに還元することのできない不可欠の特徴としての精神に依拠しているのだ。

とはいっても、心的ではない実在そのものにアクセスできないという意味ではない。あくまでも、自然種のカテゴリーには属さない実在の要素や過程にどこかで言及しないかぎり、非心的実在そのものと、その実在へのアクセス条件の両方にアクセスすることができないということだ。非心的実在の領域で何かあることが成り立っていると知ることと、そうした知識について何かを知ることとは、カテゴリーとして別物である。知識の形態はさまざまであり、そこから生じる客観性の種類もひとつではない。なるほど、何かを真と見なすことと何かが真であることが基本的に区別できる、客観性の一般的形態はいたるところにある。[38] しかし、われわれの概念はいくつもの下位領域に分かれており、理念的にいえば、その下位領域によってひとつの意味の場を構成する種々の意味がとらえられる。知識のタイプが異なれば、求められる客観性の基準(ルールブック)も違ってくる。その基準は、意味の場に付随する意味や概念によって規定されるのだ。

精神の説明構造に参入するには、しかるべき脳をもっていることが必要条件になる。もし非物質的魂が、自然科学の研究対象である因果の秩序に物質やエネルギーの痕跡を残すことなく介入する作用因のことだとすれば、そのような非物質的な魂などありはしない。月並みな意味でいわれる場合をべつとすれば、私が死後も生き続けることはありえない。私にかんする他人の記憶とか、私の講演を記録したユーチューブの映像のような、私のもつ性質のうちほんの一部が死後も生き残るだけだ。けれども、ウディ・アレンが潔く言ったように、アパートの一室で永遠に生き続けるよりも、子孫の記憶のなかで生き続けるほうがましである。

脳が、もっと正確にいえば一個の生物(複雑な進化の連鎖を成すひとつの環としてひとつの種があり、その種の一事例として一個の生物があるわけだが)が、精神という、歴史に開かれた説明構造に加わるための必要条件であることは事実である。けれども、だからといって、精神が自然の秩序のなかに座を占めることができるという考えにはならない。現象の一切合財をひとつのフレームワークのなかに収めて、存在の問題を——ひいては実在の問題を——解決しようとするのは、およそ見当はずれな試みでしかない。たしかに多くのことが実在する。しかし、実在するあらゆる事物を含む一個のもの——ひとつの実在——があるという話にはならないのだ。

第２章

ガブリエルによる論駁

2. Gabriel's Refutation

チャールズ・テイラー
Charles Taylor

マルクス・ガブリエルは、すこぶるエレガントな論証を組み立てて、人間の生、思想、行為についての自然科学を基調とする還元論的説明の支配に風穴を開けてみせた。これは、私自身がこの数十年のあいだやろうとしてきたことでもある。ここでは、ガブリエルの仕事への感謝として、彼の洞察に少しばかり色を添えてみようと思う。

ガブリエルの論文は入り組んでおり、いろんな要素を含んでいるが、とくに私が興味を覚えたのは、現われと実在の区別(本書五九頁)にかんする基本的アイデアである。自然科学が扱う自然種の性質は、われわれが知るより前に、あるいはわれわれが理解できなくても、そこに備わっていると考えられている。タレスの時代にも水は H_2O だったし、たとえ彼が(不可解なことだが)水をいたるところに見られる実体と見なしていたとしても、それは変わらない。水についてのわれわれの知識が深まっても、H_2O であるという事実が揺らぐことはない。言い換えれば、水について知っても、その性質が変化することはないということだ。

しかし、人間の経験はそうではない。われわれが抱く感情、動機、反応について考えてみよう。これらは、事物や状況がわれわれにとってもつ意味を、感情というかたちで気づいているときのものだ。私はXが大好きだ、私はYが怖い、私はZが残念だ、という具合である。XやYやZにはいわゆる志向的対象が入る。ここで感情は、そうした対象の気づき方を構成している。

しかし、この気づき方はいつまでも同じというわけではない。次のようなお話を考えてみよう。私と君は同じ学科(たとえば哲学科)の同僚だ。私はとかく君を低く評価し、ゼミや学科会議での言動が空疎でつまらなくて紋切り型だと思っている。どれもこれも陳腐な考え方の反映だと。君の話を聞くくらいなら、その場をお暇《いとま》したいくらいだ。ところがその後で、私はある小説を読む。あるいは冷静に人を見ることのできる友人と話をする。はたまた、さる第三の人物について、彼女が自己欺瞞に陥っていることを理解するようになる。そして、実はこの私も同じ穴のムジナであることに気づく。本当は君に嫉妬しているのであり、君がある重要な点で私よりも優れていることが我慢できず、そのため君のすることをいつも不当に腐していたのだ。

さて、これ——君についての、意味をいっぱい湛《たた》えた私の知覚——は水とは大違いである。理解の仕方にかかわらず同じ、というわけにはいかないからだ。むしろそれは変化する。ほかのものになる。意味の読み取り方も実際に感じる経験も、ともに変化する。べつものになるのだ。

われわれは、タレスよりも水のなんたるかをよく理解している(もっとも自画自賛はよくない。われわれは巨人の肩の上に乗っているだけなのだから)。しかし、水そのものは変わらない。いまのお話では、私が君に抱く感情も、二人の苦しいライバル関係も、私は前より理解している。以前と以後で感じ方が違うのである。違うというのは、感情によって引き起こされる行為が違うという、誰の目にもわかりやすい意味でのことだ。べつの同僚が、これまたべつの同僚に尋ねる――「最近テイラーはちょっとまともになったみたいだけど、どうしてだ？　ジョーンズがそばにいるときの様子がぜんぜん違うんだが」「さあ、どうしてかな。でもこの半年ほど、あいつは精神科に通ってて、それと関係があるかもしれないね」

もちろん、変化の前と後で変わらないこともある。たぶん、私はいまも君に嫉妬している。しかし、いまではその嫉妬は(一)意識のうえではっきりと認識されており、(二)恥ずかしさと自責の念を帯びたものとなっている。自分の感じるかぎりでは、嫉妬はまったく違ったものになったのだ。

さらにべつのアプローチで説明することもできる。自分の新しい側面に気づいたというケースを考えてみよう。ここ何週間、私は疲れて元気がない。気持ちもどんどん落ち込んでいる。気を楽にして、ミステリー小説を読もうとはしてみたものの、効果はない。すると友だちの医師が、「おまえ、細菌に感染してるぞ」と言うのだ。処方箋をもらって抗生剤を飲むと、私の具合は良くなる――。このケースでは、水の場合と同じように、根底にある状態(この場合は感染症）の性質が明らかになっても、それが変化するわけではない。たしかに私の行動は以前と違ったものにはなる。テクノロジーの介入で、その状態を変化させているのだから。しかし、それは事後的に、自分に起きていることを自分で理解した結果として生じた変化である。それに対して嫉妬のケースでは、気づくことそのものによって現実が変化する。そしていまや、その現実をより深く理解できるようになったのだ。

おしなべて言えば、事物や状況、他人、社会の状態、つまりわれわれにとって大事なものすべてについてその意義を理解することは、行為するうえで決定的に重要な役割を担っている。政治、文化、歴史、狂気の沙汰というべき破壊行為はもちろん、何かを洞察し、物事が変化し、より豊かな人間性が実現されるといったことも、そうした出来事や状況が行為者にとってどう重要かを把握せずには理解できない。二一世紀になって、他者への貧弱な理解がどんな破局的事態をもたらしたかを思い出してほしい。

さて、この種の現象――人物Pにとっての現実Rの意味――は、水といった事物や、咽喉の感染症といった状態にくらべると、境界線も不明瞭でほころびだらけだ。何かの出来事――たとえばトランプが大統領になること――について私がどう感じるかは、ほかの多くの事柄の意味を私がどうとらえるかに大きく左右される。アメリカについてどう感じるか（というのも、私は合衆国市民ではないので)、アメリカの友人たちにどれだけ共感しているか、世界で起きている差別のない平等な民主主義からの後退がどれだけ重大か。さらに視角を広げていえば、政治が他のもの——スポーツ、芸術、文学、音楽、旅、自然——とくらべてどれだけ重要か。搾取と支配と大量虐殺という波乱に満ちた歴史を克服する力が人間にあることを疑わず、われわれが民主主義と平等と連帯の社会の実現にいっそう近づいていることを当然のごとく信じていれば、選挙結果に対する私の反応も違ったものになるだろう、等々。(包み隠さず打ち明ければ、私は自分を無邪気とは正反対のタイプだと思っており、みずからが成し遂げた偉業といえども、人間はそれをご破産にしうることも承知しているつもりだった。しかし、今度の選挙で感じた底深い孤独感がきっかけで、私は反省を迫られた。)

こうした領域や、上では言及しなかった無数ともいえるほかの領域で私の感じ方や判断が変化すると、この選挙についての感じ方も変わってくるだろう。ガリレオ以降の自然科学の存在論で、この種の現象が受け入れられることはない。水という輪郭のはっきりした現象は、ほかの無数の輪郭のはっきりした現象のせいで、息の根が止められてしまう可能性がある。実際、水がお払い箱になる事態は、これまでほかの惑星で起きているかもしれない。このようにある現象がべつの現象によって消し去られてしまうことは、感情の領域にも起こりうる。たとえば、ぞっとするほどの威嚇に恐怖し、目の前の花々を愛でる気持ちが消え去ってしまうときのように。けれども、私がここで語っていること——現実R_1が私にとってもつ意味が、R_2やR_3など無数の現実の意味にいかに左右されるか——は、ガブリエルのいう「精神」の領域でしか起こりえないことだ。輪郭のはっきりした実在に焦点を絞る科学には、こうしたことに取り組むことはできない。

もちろん、人間の生といえども自然科学によって還元論的に説明できることを毫《ごう》も疑わない人は、こんな指摘にひるみはしないだろう。彼らは還元論的説明を探し求めている。自然科学に見られるようなもの、たとえば人が感じる熱と分子の平均運動エネルギーの関係といったたぐいのものだ。新たな洞察によって経験の意味が変わることも含め、こうした経験の現象はみな、(いわば)人が感じる熱の側面に立脚しながら、より深い(運動エネルギーの)レベルで、たとえばニューロンの発火パターンの変化によって説明される——。そう彼らは考えるのである。

この種の還元論的説明では、たとえばある行為を考えること(あるいはべつの行為のなかにその行為を観察すること)には脳の一定部位のニューロンにおけるあるパターンの発火がともなうといった知見で事足れりとはいかない。さきほどの私のケースのような、経験の意味の変化を説明するには、現象レベルの変化をニューロンの変化と重ね合わせたうえで、個々のケー

ス で（生物としての）当人の内部に働く力も部分的に参照しなければならないのである。

さて、力はそれぞれさまざまなレベルで違ったものが働いており、一見したところ両立さえしない印象を受ける。自然科学による脳の説明では、目的論に陥ることは避けねばならない。これは自然科学の説明に求められる条件のひとつである。しかし、さきほどのお話で私の見方が変わったことを説明するには、意味、目的、価値の領域に属する因子に訴える必要がある。君についての私の見方が根本から変わったのは、外部の何か、たとえば私と同じように自己欺瞞に陥っていた人を描いた小説を読んだりしたせいに違いない。けれどもその変化はまた、羞恥心によって、真理を捕まえるセンス、真理に認める価値によって促された変化でもある。あるいは、いまの自分が少しはまっとうになって、自分の卑屈な幻想と向きあえるようになったと思い始めたことが変化の理由かもしれない。自分が変わったのは、倫理にどっぷりと満たされた場でのことなのだ。

もちろんこれだけでは、還元論的説明が不可能だという話にはならない。しかし、われわれの取り組んでいる仕事が、たとえばXについて考えた内容とニューロンの発火との相関を探るよりもはるかに厄介なものであることは明らかだろう。われわれが道徳的思慮にもとづいて行為していると主張するとき、そこに虚妄がありえないということではない。実際、さきほどの私のお話はそうしたケースだった。ところが、価値を考察する余地がない説明レベルに移行するのは、はるかに野心的な主張をすることなのだ。しかも、それがどんな主張になるのかは必ずしも明らかではない。ひょっとしたら、『国家』の第一巻でトラシュマコスが提起したような(「正義とは強者の利益になることだ」)、それ自体は善でも悪でもない単一の原動力へと人間の生を過激に還元してみせるのかもしれない。いずれにせよ、これは途方もない研究プログラムであり、よしんば事がうまく運んだとしても、その実現は遠い将来のことでしかない。私としては、人間や動物のような目的によって生きる存在を一切の目的論を払拭して説明するなど、土台無理な注文だと言いたくなる。しかし、こうした課題の遂行はどんなにがんばっても遠い未来のことになるだろうから、いつかそれをやり遂げてみせるという約束はつねに先延ばしにできて、完全に沙汰止みになることはありえない。

ガブリエルが自分の立場を指していう「新実存主義」という言葉の使い方をきちんと理解できたかは自信がない。ある箇所で彼は、サルトルの(悪)名高い「実存は本質に先立つ」という命題を持ち出している。だがべつの折には、もっと大きな伝統、とくにヘーゲルの思想に依拠しているようだ。そして、さらに大きな伝統、彼のいう「精神」の意義を認める哲学者たちの伝統のなかに自分を位置づけているように見受けられる。

この伝統はどう特徴づければいいのだろうか。たとえば、ガブリエルの仕事の要点は次に述べる最初の文で表現されると思うが、これでその伝統を特徴づけることができるのではないかという気もする。すなわち、いまのわれわれのあり方は、おのれ自身を理解しようとする試みによって、あるいは行為の背景となる自身についての解釈によってある程度できたものである。水が H_2O であるという本来的性質をもつのとは違い、あらゆる解釈に先立ち、それとは独立に存在する本性なるものはわれわれにはない――。

しかし、自分自身(そして人間の生一般)を理解するという生涯にわたるこのプロセスには、ふたつの側面がある。一方においてそれは創造を必要とする。新たなカテゴリー、ときには前例のないカテゴリーすら創出が求められることもあるかもしれない。そうしたカテゴリーを通してみずからを見つめることで、われわれ自身が変化するのだ。さきほど述べたお話で私自身が変わったように。かたくなに、君の哲学的所見にすぐさま感情的に反応するだけだったのが、そんな反応をする自分の動機に気づき、自己欺瞞が浮き彫りになるという変化である。そして、他方において、自己の身に起きたこの変化は真理へと進む一歩だと見ることができる。さきほどのお話では、たしかに私は自分の変化をそう見るようになっている。

われわれは自分自身を作り変えるわけだが、そうした作り変えによって、われわれは自分のなかに宿る真の可能性の実現にどれほど近づくのだろうか。それとも遠ざかるのだろうか。「ありのままの自分になる」という言葉は、そうした真のアイデンティティへと進んでいくことを意味している(そしてまた要求している)ように見える。ものが完全に発展した姿がそのものの「真理」だというのがヘーゲルの見方だが、この真理概念はそうした確かな終点を前提しているようだ。

精神の伝統では、ときに自己形成と自己発見とがたがいに絡みあっている。この伝統にとって、サルトル(少なくとも初期のサルトル)は本流から外れた存在である。発見の側面がほぼ消え去って、決意が中心的な位置を占めるからだ。『知覚の現象学』でメルロ゠ポンティは、『存在と無』で展開されたサルトルのこの考え方を批判した。一九四〇年代当時、「実存主義者」という呼称は『レ・タン・モデルヌ』誌の周辺に集うグループ全体――そこにはサルトルもメルロ゠ポンティも属していた――を指して用いられていた。このゆるやかな定義にしたがうなら、「新実存主義者」はより大きな伝統に連なるものと解釈できるし、サルトル流の決意主義にとらわれる必要もなくなる。

ガブリエルの念頭にあるのはこのゆるやかな意味のほうだろう。水にとってH_2Oであることがそうであるように、ある対象の「本質」がそれを全面的に規定する内的性質のことだとすれば、そうした本質なるものは人間の生の理解を助けるカテゴリーではない。われわれがみずからを決定する動物であることは逃れようのない事実である。しかし、そうだからといって、われわれの自己解釈において真理がいかなる位置を占めるかという問題が解消するわけではない。

それでも、ひとつ明らかなことがある。過不足のない自己解釈を探し求める過程は終わりがないということだ。その意味で、ガブリエルがべつの本で述べた「世界は存在しない」という言葉は言いえて妙だろう。彼にとって「世界」は(自然科学の研究対象である)「宇宙」と意味が異なる。ハイデガーの響きをもつこの言葉が表すものには、決まった限界がない。世界は、さまざまな言語、慣習、文化がもつ制度の集合体である。いつでも何らかの形をもっているが(とはいえ、それを明確に描き出すには全知さながらの能力が必要だろう)、世界を理解し生きる新たなやり方によってつねに拡大し、同時にまた一部の側面がすたれて忘却の淵へと沈んでゆく。

つまりこういうことだ。宇宙は、われわれが完全に把握するのは無理かもしれないが、(おそらく)はっきりした輪郭をもっている。しかし人間の文化は、その特異なあり方ゆえに、そうしたものではありえない。いまの文化に限界があるとしても、それを超えた先にまで文化は必ず進んでいける。逆説的な言い方をすれば、われわれのように自分自身を解釈する動物の世界は、その性質上、限界を定めることができないということだ。宇宙と同じように、実在についても輪郭がはっきりしていると考えるのは、われわれ自身から目をそむけること、みずからを激しく誤解することを意味するのである。

こうした私の理解が正しいとすれば、この指摘にこそ、人間のあり方をめぐる理解へのガブリエルのもっとも大きな貢献がある。

第3章

心は「存在する」のか？

3. Does Mind “Exist”?

ジョスラン・ブノワ
Jocelyn Benoist

「新実存主義」の章で述べられた心の哲学にかんするガブリエルの見解には、掛け値なしに共感する。還元論に向けられた彼の批判はとてもためになったし、基本的な視点も正しいと思う。

私の見るところではまだ問題が残っているが、そこに話を進めるまえに、もうひとつ論じておくべきことがありそうだ。つまり、心の特異性を理解するには、存在論を固定しようとするのでなく、むしろいかなる〝存在論的視点〟をも超えていくべきかもしれないという点である。存在論を云々するのはもはや適切ではないのかもしれない。心を形づくるものについては、「存在する」という言い方が意味をなさないのかもしれない。そもそも、心が「存在しない」と言うとき、それは何を意味しているのだろうか。言い換えれば、「心が存在する」と言われるとき、どういうもののグループに「心」が付け加わるのだろうか。それが意味するのはせいぜいのところ、心も存在するということでしかなさそうに思えるのだ。

ここでガブリエルが採った戦略は、ある意味で、こうした問題に足をすくわれないようにすることを狙っている。なぜなら彼の戦略は、物理主義の存在論的な排他性だけでなく、その優先的な地位も疑問に付すものだからだ。ガブリエルの説く多元主義の視点からすれば、特権的な意味をもつ存在のあり方などない。むしろ反対に、存在の意味は本質的に複数あり、しかもそれらは、いわば互いに同等であることを認めなくてはならないのだ。

ガブリエルが掲げる基本的な目標は、〝本質的に心を欠いた世界に心の占める場所を確保すべし〟という課題設定を否定することである。その点については異論はない。それでもこの問題について、これで片がつくと彼が考えているのかは疑問である。なるほど彼によれば、世界は存在しない、存在しない世界は（たんなる）物理的なものではない。しかし、物理的なものとは対照的なものとして、心的なものはやはり措定しなくてはならない。さて、このようなかたちで心的なものをとらえるのが最善の道なのだろうか。私には自信がない。そのように心的なものを措定すると、現代のいわゆる「心の哲学」はたんなる否定の哲学になってしまいかねない。ガブリエルがこの落とし穴をどの程度避けられているのかはわからない。

まず考えられる否定は――これこそが何よりも厄介のたねなのだが――心がある類に属することを前提にしたうえでの否定である。心はたんなる物理的な存在ではなく、べつの種類の存在だと考えるわけだ。ガブリエルは、ある意味でこの選択肢をしりぞけているように見える。「言葉のこうした意味論的なふるまいが、一定の複雑さをそなえた生物と無生物のあいだにある自然のギャップではなく、自然種と説明構造としての精神とをへだてるギャップの特徴だと考えたらどうか、というのが私の提案だ」（本書六〇頁）。この言明の力点を、精神がいかなる種類の物質でもない――したがって、生命の宿る物質でもない――という事実ではなく（だが、かりに物質であるとして、それはどういう意味だろうか。また、その否定は有意味だろうか）、精神は種というよりもむしろ「説明」構造だという事実に置けば、彼の言うことは正しいと思う。

言い換えれば、精神は自然種ではないという事実を述べた第1章の主張はたしかに見事だが、心を「自然種」に数える形而上学を鋭く批判するとき、著者の目は〝心が自然のものではありえない〟という点だけに注がれているのだ。たしかにそれは間違いではない。しかし私には、そもそも〝心はいかなる種でもない〟ということの方が重要に思えるのである。

「自然種」という専門用語は、ひょっとしたら誤解のもとかもしれない。多くのケースでは、この語の意味は「自然」をどうとらえるかによると解釈するのが正しいだろう。たとえば、自然を何よりもまず物質的宇宙という意味に解し、自然種をそうした宇宙に属するものとして定義するケースがある。しかし、自然種なるものにはべつの解釈も考えられる。自然種の「自然」たる所以は、何らかの意味での自然に属するからではなく、指示の固定性のような意味論的性質にあると考えるのだ。「自然種」は、やろうと思えば対象を直示してそれを拾い上げられること、またそうでなければならないことを要《かなめ》とする種であると。この意味では、われわれが固定観念としてもっている、物質的なものの全体という意味での自然には属さなくても、ひょっとしたら心は自然種だといえるかもしれない。

さて、自然主義的な心の見方に対するガブリエルの批判で、いちばん興味深いのは何だろうか。私の考えでは、心はひとつめの意味での自然種でないだけでなく、ふたつめの意味での自然種でもないと考えているらしい点である。心はいかなる種でもない以上、何かを指し示すようにしてそれを拾い上げることはできない。このように、心を種のひとつとしてとらえる見方を否定することが第1章の核心であり、見事な着想だと思う。ガブリエルの単刀直入な言葉をかりれば、「新実存主義とは、「心」という、突き詰めてみれば乱雑そのものというしかない包括的用語に対応する、一個の現象や実在などありはしないという見解である」（本書一六頁）。

さて、心が種ではないとして、次に見て取るべきは、否定の意味がはじめにわれわれが考えたような意味ではありえないという点である。もはや「ある類に属することを前提にしたうえでの否定」ではなく、範疇的否定、二種類の名辞が属するカテゴリーの違い――いわば文法の違い――を意味する否定だ。心の文法は自然の文法と同じではないということだ。

ガブリエルの狙いはそこにあるように思える。とくにサイクリングを材料にした見事なモデルを説明する箇所に、それは如実にうかがえる。「サイクリングは……自転車に還元できない」

(本書七四頁)とガブリエルはいう。まさしくその通りなのだが、その理由はこれらが種類の違うもの——正確にいえば違う「種」——だからでなく、サイクリングは自転車と違ってものではないからである。サイクリングは自転車と文法を異にする。つまり、この観点からすれば、サイクリングが動名詞だという事実を見過ごしてはならないのだ。

実のところ、このような比較がうまくいかないように見えることがいくぶん、あるいはかなりの程度あると思われる。「心的なものが自然の秩序にどう収まるのかが本当に問題となる場面では、例外なく、心と脳の関係はサイクリングと自転車の関係のようなものと見ることができる」(本書七四頁)とはなかなか言えないようなのだ。その理由として、まず次の点が指摘できるだろう。たしかに自転車はサイクリングをするための道具である。けれども、脳を、目的をもって利用できる道具であるかのようにいうのは下手な比喩でしかない。なるほどわれわれは「脳みそを使え!」と言うことがある。だが、あらゆる比喩がそうであるように、この比喩も文字通りに受け取るわけにはいかないのだ。しかし、とくに大きな理由は、「心」と「サイクリング」が、語として同じカテゴリーに属しているようには見えないことである。むしろ比較するならば、考えることとサイクリングを比べるのが論理的といえるだろう。とはいえ、一見して不適切に思えるこの比喩からもわかることがある。すなわち、心とは——あるいは少なくとも「精神」とは――思考の営み以外の実質をもたないということだ。何らかの活動に関わることを抜きにして精神はない。こうした観点からすれば、サイクリングは――ものとしての自転車と区別されるかぎりで――やはりうまいモデルと言えるかもしれない。

さらにもう一歩踏み込んで、逆にこうも言えるかもしれない。すなわち、ある特権的な意味で――また、人間の生を構築するという意味で――あらゆる「活動」は「精神的」なものだと。たとえばサイクリングは、精神の表現そのものということになるだろう。道具に使われる自転車には還元できないからだ。この主張は、サイクリングで自転車が使用され、使用ということには必ず精神がともなうかぎりで、まったく正しい。この点を裏づけるものとして、「使用」という言葉に注目してみるのもいいだろう。この言葉は、良い使用と悪い使用がある場合にかぎって、あるいはだいたい「正しい」といったことが少なくとも言える場合にかぎって意味をなすと解することができる。そうであれば、自転車の使用にはたしかに精神が関わっていると言えそうだ。

いまや真に問うべきは、この枠組みを離れて「精神」という言い方がそもそも意味をなすのかという問題である。いかなる「活動」からも独立に「精神」はあるのだろうか。ガブリエルの言葉をかりれば、精神とは「行為の説明構造」にほかならない。そうである以上、活動から離れて精神があるようには思えない。

さて、この仮説はとても魅力的である。活動そのものに力点を置くことは、哲学者が精神を物象化することの歯止めになるし、精神をはるかに具体的なものとして、地に足のついたものとして浮かび上がらせてくれるからだ。しかし、この特徴づけが新たな本質の措定につながらないとまで言えるのか、私にはわからない。

たしかに、「心」と違って精神は包括的な用語ではないだろう。これは私の仮説だが、少なくとも「精神」はカテゴリーの異なる概念を一緒くたにはしていない。この点でガブリエルが分析の焦点を、「心」という根本的に異質な要素からなる概念から、もっと厳密な――少なくとも均質なカテゴリーからなる――精神という概念に移したことは紛れもなく前進である。しかし、精神という概念が当てはまる態度や能力は幅が広く、そのすべてを「行為」という言葉でとらえることには無理がある。もちろん、何かを考えること自体も行為であるとか、少なくとも行為を目的として何かを考えることも行為だと見なすなら話はべつだろう。しかしこれは、行為の意味をもっとも広く解したとしても、自明だとはとうてい言えそうもない。「行為が「精神的」なものであるためには、行為が思考の発露としてなされたものである必要はない。思考そのものは行為ではない。行為自体が精神的なものなのだ」――こうした意見はたしかに一理ある。しかし、そうだからといって、行為の枠組みに一切とらわれない思考がないとは言い切れない。そして、この意味での思考が、それ自体として「精神性」のひとつの側面であることも否定はできないのである。

この点で、ガブリエルによる精神の定義は、行為と本質的に結びついているようではあるが、かなり狭いという印象をうける。もちろん、それはどう「行為」を理解するかによる。しかし、行為概念を広く取りすぎると、概念自体が無意味になりかねない。たとえば、行為とたんなる思考とを区別しない行為概念が考えられるが、これはあまり好ましいものではなさそうだ。

とはいえ、次のことは言える。すなわち、行為に力点を置くことは、いわば自然と精神というふたつのものの区別を、たんなる種の違いというだけでなく、カテゴリーの区別として哲学者が理解する一助にはなる。行為はたしかにものではない。行為はものとして与えられるのではなく、なされるべきこととしてあるのだ。

他方、ガブリエルによるこのカテゴリーの区別の仕方をくわしく見ると、いくつか疑問が浮かんでくるかもしれない。ガブリエルは、心的なもの（もっと正確にいえば「精神的なもの」）を描写するさいに「意識」の役割を相対化しているが、それはまったく正しい措置といえる。「意識」は「自然」現象もカバーする包括的用語だからだ。しかし、たとえそうだとしても、彼には「精神性」の領域を自己意識の概念で確定しているきらいがある。もちろん両者は矛盾するわけではない。そのことはガブリエルも、自己意識をたんなる意識から正確に区別すべきであるとするドイツ観念論の伝統のなかに見て取っている。私が膝に痛みを感じるとき、それが意識されていることは分析的に真である。さもないと、それは痛みではないことになる。しかしこの意識は、観察の対象となる、純粋に自然の——いわば「気象学的」な——事象という身分をもつ。ところが自己意識はそういうものではない。自己意識とは、たとえばこの痛みを自分に起きていることとしてとらえる私の能力であり、私の生の意味の一部なのだ。ところで、自己意識は精神性を定義するもっとも重要な要素ではあるが、いろんな問題をはらんでもいる。「新実存主義」が提示する精神の哲学が、本質において、ドイツ観念論の伝統に属する「自己意識」の哲学であると言わざるをえないのはなぜか。その理由は、ガブリエルが上で述べたカテゴリーの違いを説明するさい、自己欺瞞が中心的な役割を担っていることにある。自己欺瞞はたんなる観察の誤りではない、というのが彼の議論の主旨だ。この点については、たしかにガブリエルの言うとおりだろう。フェルミオンについての私の錯誤——錯誤の対象はなんでもかまわない、それが錯誤というものだ——は、フェルミオン(にせよ、それが関わる対象にせよ)を変化させはしない。それに対して、自己欺瞞は私自身を変化させる。違いはそこにある、云々──。

まさしくその通り。だが、ここで疑問が浮かぶ。

自己欺瞞の強調はまさに妙手といっていい。「精神性」とものの自体とのあいだにつねに存在する潜在的なギャップを浮き彫りにしてくれるからだ。「精神的」なものには、そのもの自体であることも、そうでないあり方をすることもできる能力がある。ところが精神的ではないもの──「自然」なもの──は、ただそのもの自体であるしかない。その意味で、精神的なものは、存在論とつねに本質的にへだたっている。精神的なものが〝そのもの自体〟に完全に帰着することは決してないのだ。

さて、ひとつ誤りとして思い浮かぶのは──実際、そういう誤りがあるわけだが──存在論とのこのへだたりを存在論化してしまうこと、つまり次のように言ってしまうことだ。精神的な存在は、自分が現実の姿とは違うあり方をしていると思い込んでいるという単純な事実ゆえに、現実の自分ではなくなる。そしてついには、それが自分の現実の姿(すなわち、現実とは違う自分という姿)になる──。だが、これは明らかに正しくない。ガブリエルの例をかりれば、私がスカッシュのチャンピオンなのは、自分をチャンピオンだと信じているからではない。そう信じることではスカッシュのチャンピオンにはなれないのだ。

そうはいっても、自分がチャンピオンだと私が信じているのは確かだし、この信念が私の一部であること、さらには積極的に私という存在を形づくってすらいるかもしれないことも確かである。実のところ、ガブリエルのこの考え方は、いわゆる近代哲学に特有の古典的な考え方といっていい。ひょっとしたら、私はスカッシュのチャンピオンになっていないのかもしれない。でも、自分がスカッシュのチャンピオンだと信じる何者かにはなったのだ、というわけである。

さて、誰かがスカッシュのチャンピオンだと信じることとは、実際にスカッシュのチャンピオンであることと同じ種類の性質ではない。もっと正確にいおう。ある意味でそれは性質である。ほかのいろんな性質と同様のひとつの性質、私の(心理学的な)「本性」とでも呼べるものの一部である。しかし、べつの意味では、性質ではまったくない。それはたんなる見せかけの性質でしかない。

「霊妙」とでもいうべきこれらの規定には何か特異なものがある。つまり、これらの規定はたんに事実というだけでなく、主張――それ自体として評価可能で、正当化されたりされなかったりする主張――でもあるのだ。私は一定の信念を抱いているし、たぶんそれを抱くことは私の「本性」の一部だといえるだろう。しかし、正しいとか正しくないということは、そうした信念の定義の一部なのだ。さもないと、それは信念ではなく、やはり私の膝に感じる痛みと同じようなものになってしまう。

これが意味するのは、精神が自然それ自体に付け加えたのが、奇妙なたぐいのもの——いかなる規範にも縛られない自身のあり方を規定できるという奇妙な性質をもつもの——ではなく、むしろ規範性そのものだということだ。事物は実際にあるがままの姿をしている。それが事物の定義である。一方、われわれは事物の実際の姿を誤解することがあるし、自分の実際の姿ですら誤解することがある。要するに、誤解をするということも、われわれ独自の「存在」のあり方だということである。なぜなら、それが〝規範のもとで存在する〟ということだからだ。規範のもとでの存在は、たんなる「存在」と同じではない。

たしかに、ここで自己反省のような概念を導入するのがいいだろう。しかし、規範性は内省にとって不可欠の条件である。なるほど、自己欺瞞はたんなる誤りではない。だが自己欺瞞は、規範の誤った使い方があってはじめて生じるのだ。はじめに規範がなければ、論理的にいって、自己欺瞞も誤りも存在する余地はほとんどない。

ガブリエルの論述では、精神がもつこの基本的な規範性が必ずしも明確ではないようだ。明記されているというよりは、暗にほのめかされているだけである。そのため誤解を招く恐れがある。この観点からすれば、たとえば、フィクションにこだわること——精神の主要な特徴として「虚構の物語」に固執すること——には、但し書きが必要なように私には思える。なるほど、虚構の物語をつむぐ能力は精神の本質的特徴ではある。しかし、フィクションの文法に立ち入り、虚構でない言説との対比関係においてはじめてフィクションは存在することを見て取らなくてはならない。虚構の言説のなかでは、あらたな規範の枠組みを設けるために虚構でない言説の規範はカッコに入れられるが、このカッコに入れた規範との対比においてのみ、フィクションは存在するということだ。フィクションはたんに規範を無効にしているのではない。フィクションとは、本質的に、規範を糧にし、規範をもてあそぶものなのだ。そして、このことがやはり別種の規範性となっているのだ。ゲームとは純粋な規範にほかならないのである。

フィクションを引き合いに出す、さらには志向性一般を引き合いに出す間違ったやり方も考えられる。つまり、純粋に存在論の話として引き合いに出すことがそうだ。あたかも問題は「何があるのか」ということだけであり、いかなる規範が用いられているかは問題ではないかのように。フィクションを付け加えることが、われわれの世界に何かを付け加えることだと信じてしまうわけだ。誤ったこの信念こそ、ガブリエルが第1章の冒頭で批判しているものである。さて、虚構的存在はたんなる付け加えられた存在ではない。フィクションは付け加えられた規範である。それは、自然的存在の領域にべつの新たな自然を付け加えるものではない。存在にかんしてべつの規範的枠組みを規定するものなのだ。その枠組みは、虚構でない存在との関係(対比)で、はじめて意味をもつのである。

ガブリエルが繰り返し注意しているように、自然主義を乗り越えることは、たんにもうひとつべつの——あるいは多くの——区画を自然的存在に付け加えるということではない。代わりに次のような課題を掲げるべきではないだろうか。すなわち、存在の多様な(規範的)意味をとらえるセンスを育むという課題を。

第4章

人間の生とその概念

4. Human Life and its Concept

アンドレーア・ケルン
Andrea Kern

1

ガブリエルによれば、人間という概念は自然種概念ではない。「人間のあり方は、自分自身をどうとらえるかに本質的に左右される。自分が描いた自画像をふまえて、人は行動するからだ」(本書七三頁)というのがその理由である。それにもかかわらず、「人間が動物である」(本書三二頁)ことをガブリエルは認める。

以下では、ガブリエルの立場では後者の考え方が理解しにくいものになることを示そう。人間についての彼の説明にしたがうなら、〝人間は動物である〟という考えを人間が抱くことが理解できなくなってしまう。ところが、自分をある特別な能力を備えた動物として理解できなければ、ガブリエルの説明によるかぎり人間などというものは存在しないことになるし、したがって「精神」という言葉でくくられる多様な現象も存在しないことになる。その特別な能力とは、みずからを人間として理解することを可能にするとされる能力、人間の人間たる所以とされる能力である。

その一方で、「精神」にかんするガブリエルの説明の趣旨をほぼ活かしながら、人間が動物であるという考え方をすんなりと理解できる道があることを示そう。しかしそのためには、人間の動物性を「精神」の「条件」としてとらえてはならない。人間の動物性は、「精神」の特徴的な表出としてとらえるべきである。ここではそうした議論を展開していこう。

2

ガブリエルは（カント、ヘーゲル、マルクス、ニーチェを含む）哲学の伝統に依拠している。彼の考えでは、人間をユニークな存在たらしめる無類の特徴を強調しようとするのがこの伝統である。そしてその特徴を、彼はこの伝統にならって「精神」と呼ぶ。その特徴をごく一般的に述べれば、「概念に依存する現象の領域」（本書六二頁）である、というのがガブリエルの考えだ。この伝統を支持する論者は、人間を動物界のほかの生物からカテゴリーとして区別するこの比類のない特徴を、「知性」「悟性」「理性」といった言葉で呼ぶのがふつうである。こうした言葉に対応するひとつの現象や実在があるのでなく、その表出が無数のかたちであるというのが、彼らとガブリエルの共通の見方だ。

ガブリエルの援用する伝統が、問題の特徴について同じ考え方をしているかどうかは、いまは問わない。もちろん彼にしたところで、みな同じに考えているとは思っていないだろう。ここでは、べつの哲学的伝統を足がかりにして、「精神」の無類の性格にかんするガブリエルの説明に疑問を提起することにしよう。念頭にあるのはアリストテレスの伝統である。この伝統は、人間の動物性が「精神」の「条件」であるとは認めない。アリストテレス的伝統の支持者は、人間はある種の動物以外の何者でもないと考えるのである。この見方を「同一性主張」と呼ぼう。同一性主張を否定できなければ、その立場は「精神」の無類の性格をきちんと評価しているとはいえない、というのがガブリエルの考えである。アリストテレス主義は、「精神」の無類の性格を否定するのではない。同一性主張を否定しなくても、精神のユニークな性格を認めることは可能だと主張するのだ。

3

ガブリエルが心的現象の定義としてあげる基準はふたつある。

1　心的現象は、「純粋に物理的な世界や動物界のほかのメンバーから、人間が自分を区別しようとする試み」(本書一六頁)に由来するという点で、ひとつのまとまりをなしている。

2　心的現象は、それが属する概念に左右される現象である。

第一の基準により、人間という概念が心的なものの定義に入り込んでくる。そのため、この定義で用いられる人間の概念の性質をめぐる問題が浮かんでくる。人間の概念が、ガブリエルの理解する「自然種」という意味で、自然種の概念だと想像してみよう。するとその場合、みずからを「純粋に物理的な世界や、動物界のほかのメンバー」から区別する「試み」の主体は、人間であるとはどういうことかを明確にする概念からは独立の存在とアイデンティティをもつ何かだということになるだろう。ガブリエルによれば、概念からのそうした独立性によって自然種は定義される。「ふつうの話者」が種の同定に使う言葉のふつうの用法には、それと結びつくいろんな具体的記述があるが、そうした記述のどれとも一致しない可能性があるのが自然種だからだ(本書五八〜五九頁)。

ガブリエルによる心的現象の定義のなかに人間の概念が入り込むならば、人間は、「人間」という言葉のふつうの用法と結びついたいかなる具体的記述とも一致しないかもしれない。さて、この語のふつうの用法と結びついた具体的記述とは、みずからについて考える能力をもつ存在、具体的にいえば、「純粋に物理的な世界や動物界のほかのメンバー」とは自分が違うと考える能力をもつ存在という記述である。人間という概念がガブリエルのいう意味で自然種の概念だとすれば、みずからについて考え、ほかとは違うものとしてみずからを概念的にとらえる能力が人間に欠けているかもしれないことを認める必要があるだろう。しかし、そうすると、ガブリエルが述べるようなかたちの、この能力による心的現象の説明ができなくなってしまいかねない。だからガブリエルは、人間の概念が自然種概念であることを否定し、それを否定することに力を注ぐのだ。

そこで、人間という概念が、ガブリエルのいう意味での「自然の秩序」の要素ではなく、別種の何かを記述していると仮定しよう。つまり、彼の定義にしたがって、その概念に左右されるものを記述していると仮定するのである。すると人間は、概念に左右されると考えねばならないことになる。人間の生を、彼は次のように描写するからだ。「人間は、なんらかの人間観をたずさえて生きている。この人間観は、一個の自然種を拾い上げるものではない」（本書六七頁)。この一節が意味するのは、ここで二度登場する「人間」という言葉がどちらも自然種を表す用語として使われていないということだろう。人間がなんらかの人間観をたずさえて生きるとき、自然種の概念にしたがって生きるわけではないということだ。しかしそうすると、ひとつ問題が浮かんでくる。観念論の伝統――ガブリエルはそれを支持したいわけだが――に属する論者のあいだで起きた論争で焦点となった問題である。論争での中心問題、なかでもカントとヘーゲルのあいだで問題となったこと。それは、ある人間観にしたがって生きる者が、そうした生き方をしながら、自身が少なくともある種の動物であるという考えをどうやって理解できるのか、という問題である。ある人間観にしたがって生きるといわれる者たちは、人間が少なくともある種の動物であることをどうやって知るのだろうか。

ヘーゲルはカントを非難した。カントは自己意識をもつ存在を〝生きた存在としてではなく、たんに思考するものとして自分をとらえる存在〟と見なしている、といって責めたのだ。[1] みずからを考えるこの存在が、自分自身について抱く基本的な考えとは、「私」という考えである。それは「単純で、それ自体としてはまったく中身のない表象」だ、とカントは強調する。[2]〝みずからを考えるこれは「さまざまな現象」のかたちで現実化される力である〟という考えは、「私」という考えのなかには必ずしも含まれない。むしろそれは、このみずからを考えるものが、感性的条件に依存する存在だからこそ抱く考えなのだ。

　カントの描像によれば、自己意識をもつ存在が抱く、〝自身の存在と同一性は感性的条件に依存する〟という考えは、自己意識があるから抱くわけではない。というのも、カントによれば、多様な事物について考えながら、しかもそうしたものに自分の考えが縛られない無限の知性を矛盾におちいることなく想像できるからだ。そうした知性は自分の考えたことには縛られない。なぜなら、それらは無限の知性自身が生み出したものだから。カントの定義によれば、無限の知性は対象の根源的直観、「すなわち、直観の客体の現実存在さえも与えることのできる直観」、「根源的存在者にのみ帰せられる直観」をもつ。[3] したがって、〝「私」を考える人は、自分が感性的条件に依存していると考える〟という思想は、自己意識をもつ存在だから抱くわけではない。自己意識をもつ存在が自分について考えたことに、〝それを考えた自分は感性的条件から独立している〟という考えが含まれる可能性は排除されないのだ。

　この見方によれば、自己意識をもつ存在は二通りあることになる。感性的条件に依存するものと、依存しないものだ。自分が感性的条件に依存しているという考えは、そうした条件に依存するタイプの自己意識が、自己意識だから抱いたものではない。そうである以上、感性的条件への依存は、自己意識の制約を意味せざるをえないし、またそう考えるべきである。この見方によれば、人間の知性がみずからをほかならぬ人間的知性と考える場合、経験によってはじめて知られる、感性的条件によって自分の知性は可能になったと考えねばならないことになる。

したがって人間は、たんに自己意識をもつものとして理解するかぎり、みずからの存在と同一性の感性的条件を知識としてはもたない。まして、自分が「動物種のひとつ」(本書六八頁)に属するという事実の知識などもつはずもない。自己意識をもつものとしての人間は、自己意識をもつものが感性的世界に存在することを知らないし、いわんやそれが人間として存在することなど知る由もないのである。つまり人間は、自分の生を導く概念に自分が含まれることなど、原理的に知りえないのだ。

ヘーゲルは、これを根本的に不満足な描像だと考える。このような描像は、意識の対象以外のなにものでもない意識、すなわち自己意識という概念そのものと矛盾する、と彼はいう。自己意識を、べつの何か――つまり「動物種のひとつ」――の存在を前提することではじめて完全に説明される能力と見るとしたら、それは誤った見方だとヘーゲルは結論する。自己意識をそうした前提に依存する意識と見るのは誤解だと考えるのである[4]。

ガブリエルの立場も、これと似たようなことが懸念されると思う。その懸念は次のように言いあらわすことができる。もしガブリエルが考えるように、「われわれ人間」が「動物種のひとつ」に属し、しかも、人間そのものはその動物種と「同じ」(本書六八頁)ではないと考えるのが正しいとすれば、「われわれ人間」はいかにして「われわれ」自身が何者かを知るようになるのか、という問題が生じる。これはガブリエルにとって重要な問題である。というのも彼は、何らかの人間観にしたがって生きる存在として人間を特徴づけているからだ。つまり、ほかならぬ人間が存在するためには、自分の生を導く人間観――人間であるとはどういうことかについての見方――をもつ生き物が存在しなければならないということである。生を導くこの人間観は、人間が少なくとも生物の一種であることを含意せざるをえない。というのも、さもないと、そうした人間観にしたがって生きる人は、自分の生をこの見方によって律し、自分の生をその人間観が具体化した一例としてとらえることができないだろうからだ。だがそうすると、「われわれ人間」はどうしてこのような人間観(それによれば、人間は「動物種のひとつに属する」)を抱くようになるのかという疑問が、さし迫った問題として浮かんでくる。これは、もしわれわれの生がガブリエルの言うようなかたちのものだとすれば、たしかに抱かざるをえない人間観ではある。論文の節々《ふしぶし》から、ガブリエルがこの人間観を経験的知識と見なしているらしいことがうかがえる。たとえば、「人間が動物であること、したがって進化理論が明確にしたパラメータによって人間が部分的に左右されることは否定しない」(本書三二頁)と記し、続いて

「科学的に立証された事実に弓を引こうというのではなく」(同所)と述べるときがそうだ。

　ガブリエルによれば、これが示唆するのは、人間が動物の一種であるということが「科学的に立証された事実」であり、その事実は人間がたまたま知るにいたったものであるということだ。だとすれば、何かしらかの事情で、われわれ人間がこの事実を科学的に立証しなかったということもありえたわけだ。しかし、人間が動物の一種であるという事実をわれわれ人間がもし科学的に立証できなかったとすれば、自分の生を人間観にしたがって律する生き物は存在しなかったことになる。ということは、そもそも人間など存在しなかったことになる。ガブリエルによれば、人間の概念にしたがって生きることがなければ、人間ではありえないからだ。そして、人間を動物の一種と見なすことなしに、人間の概念にしたがって生きることは不可能だからだ。さもないと、私の人間観は、生きる道を「照らし出して」くれるものにはならないだろう。ガブリエルの言うような、私の生を導くしるべとはなりえないだろう。そのような場合、自分の生と活動を、自分の生を照らす見方が具体化したものと考えることは論理的に不可能だからだ。人間がある種の動物であることを含意する人間観があってはじめて、われわれは自分の生や活動をその人間観が具体化したものとしてとらえ、自分の生と活動を導き、方向づけることができる。呼吸、消化、睡眠、覚醒、知覚、欲求など、私の生と活動を私の人間観が律するには、そしてまた同時に、私が自分の生をその実現例と見なしていると言えるには、人間が少なくとも生き物であり、動物の一種であるという考え方をそれが含意するのでなければならないのだ。

したがってガブリエルの見方によるかぎり、人間が「動物種のひとつに属する」という考え方は、たとえば科学が打ち立てたような、経験的根拠にもとづく人間の思想にはなりえない。ガブリエルによれば、科学の営みをはじめとする心的活動はすべて、「無生物の匿名的プロセスや、人間以外の生物から」(本書六九頁)人間を区別する、まさしく人間的な能力によって定義される。だとすると、この事実を立証することは論理的に不可能だったはずである。そして、そこからうかがえるのは、ガブリエルがこの事実を概念に依存する事実とみなしているに違いないということだ。つまり、人間が自然の秩序のなかに位置を占める「動物種のひとつに属する」ということは、それ自体としては、自然の秩序にかんする事実ではなく、人間観に依存する事実だという考えである。

しかし、このような考え方もやはりガブリエルは採るわけにはいかない。人間が「動物種のひとつに属する」という事実は、ガブリエルのいう意味で概念に依存する事実ではない。人間が現に存在することは、概念依存とはどういうことかについての説明ですでに前提されているからだ。したがって、人間が「動物種のひとつに属する」という事実は、自然的事実ではないし、ガブリエルのいう意味での概念に依存する事実でもない。

このジレンマをガブリエルがどう回避できるのか、私にはわからない。彼の立場をとるかぎり、〝人間はある種の動物である〟という人間の思想がなぜ理解できるのか、うまく説明することができない。ところが、心的なものについての彼の説明では、この思想が理解可能であることが前提されているのだ。カントはこのジレンマを解決することができなかった。

4

ヘーゲルは『エンチクロペディー』の「精神哲学」の冒頭で、同時代に見られる「精神」の説明には思弁的内容が欠けていると指摘している。「こうした理由から、アリストテレスの霊魂論……は、いまなお、この対象について思弁的意義をもつもっとも傑出した作品であり続けている。もっと言えば、唯一の作品とすら呼べるかもしれない」(Hegel 2010: §378)。この章の残りの部分では、ヘーゲルが称揚したアリストテレス流のやりかたで「精神」を論じるとどうなるかを簡単に示してみようと思う。おいおい明らかになるように、アリストテレス主義によれば、同一性主張――人間はある種の動物以外のなにものでもないという主張――を放棄しなくても、心があるという人間のユニークさを認めることは可能である。人間について考えることとは、ある特異な種類の動物について考えることにほかならず、それ以上でもそれ以下でもないと見るのだ。

つまりこういうことだ。人間は一種の動物であり、しかも特異な種類の動物である。なぜかといえば、人間の生命活動には、人間以外の動物にはない「形相」があるからだ。つまり、人間には「知性」という「形相」があるのだ。

以下で明確になるだろうが、人間のユニークさを説明するには、自然種の事実と、概念に依存する事実を形式的に区別するだけでは十分ではない、というのがアリストテレスの考えだった。さまざまな種類の生物のあいだにある形相の違いを描写する場面で、この区別を考えねばならないということだ。アリストテレスは、彼のいう「魂」に着目し、三種類の生を形相によって区別した。「魂」とは、掛け値なしに生きている物の形相である、というのが彼の定義だ。「生き物を生き物たらしめるものは何か?」という問いへの答えがこれである。アリストテレスの「魂」の観念は生命形相の観念であり、彼によれば、それには三つの種類がある。アリストテレスの言い方では、植物的生の形相、動物的生の形相、理性的生の形相である。

アリストテレスがこれらをどう区別しているかを見るまえに、ふたつの点を強調しておきたい。ここで「形相」の違いという観点から人間を考えることの意味だ。第一にそれが意味するのは、形相の違いが、主体のある種の能力の違いではなく、種々の能力をひとつにまとめあげる原理の違いと考えられているということである。一個の主体はひとまとまりの能力群によって構成されるが、主体にはそうした能力が備わっている場合もあれば欠けている場合もある。このような能力のとらえ方は、多くの人びとが共有している人間についての考え方を否定するものだ。つまり、動物であるということに加えて、さらに何らかの力——知性、すなわちみずからを概念的にとらえる力——をもった動物として人間が説明できるという考え方が否定されるわけである。ガブリエルの場合も、こうした考え方が根本にあると思う。第二に、これは繰り返しになるが、食べたり、飲んだり、消化したり、知覚したり、子作りしたり、眠ったり、起きていたりといった生命活動をあらわす概念は、それらをひとつにまとめあげる原理が特定されないかぎり、確定的な意味をもたないということだ。これはガブリエルによって厳しく批判された立場にも、ガブリエル自身のアプローチにも共通する、生についての考え方の否定を意味している。彼らの考えによれば、生き物であるということにはひとつの確定した意味があり、その意味に照らして、バラの生もウサギの生も人間の生も分けへだてなく生と呼ぶことができる。一方、アリストテレス主義によれば、生き物であることの意味は、生命形相を構成する三つの「形相」によって、それぞれ別様に規定されるのである。

このことをアリストテレスは、「生きていることは多くの意味で語られる」と表現している（『魂について』413a20f）。この考えにしたがえば、生の概念は、それ自体としては諸能力のまとまりという抽象的概念であり、同じひとつの主体にそれらの能力を帰属させる原理を特定することなしには、その概念を生き物に適用できない。アリストテレスによれば、生の概念とは、その概念が当てはまる生き物の存在と同一性を説明してくれる、諸々の能力や活動のまとまりでしかない。その意味で、生の概念は抽象的である。所与のケースで、この説明がどういったかたちをとるかについては何も具体的に語っていないがゆえに、それはまさしく抽象概念なのだ。たとえば、どういった能力や活動によってウサギの存在と同一性が説明できるかは、この概念から知ることができない。ウサギのそうした能力や活動は、バラの存在と同一性を説明してくれる能力や活動とはおそらく異なるし、バラの能力や活動もまた、人間がどのようにして存在するようになるかを説明する能力や活動とは異なるだろう。だが、具体的にどの能力や活動がそれを説明してくれるのかを、この概念が教えてくれることはないのだ。

したがって、この抽象的な特徴づけはあらゆる生命形相の概念にあてはまりはするが、個々の具体的な生き物にこの抽象的な生の概念を適用するには、当該のケースでどういうかたちの説明がなされるかを特定する必要がある。つまり、生き物の能力や活動によってその存在と同一性は説明されるわけだが、そうした能力や活動が一個の生き物というまとまりを形成するときにどういう原理が働いているかを特定せねばならないのだ。なるほど、どんな生き物も、栄養を摂取し繁殖する能力をもっている。また、それしかもたない生もある。植物的生だ。一方、動物的生は、自分から動いたり知覚したりするという点で、植物的生とは異なる。しかし、動物的生を、植物的能力にプラスしてほかの能力をもつ、植物的生の一種と考えるのは誤りだろう。動物の存在と同一性を説明してくれる種々の能力や活動を、同じひとつの主体へとまとめる原理は、植物の存在と同一性の説明に関わる原理とは異なるものであり、その意味で動物的生は、独自の形相をもつ生なのだ。[5] 植物の生命形相の場合、その形相を表出する個体と、生命形相そのものとのあいだに区別はない。植物的な生では、たゆみない生命活動、あらゆる方向に絶えず伸びていく不変の生育だけがある。ということはつまり、その生命形相をもつ個体に関わる活動原理と、生命形相そのものに関わる活動原理との論理的区別を映し出すものが何もないのだ。植物の生命形相の活動と、その生命形相を作り上げる個体の活動は、アリストテレスによれば論理的に同じなのである。したがって、植物を個的な存在と見なすことはできない。個的な存在は、生命形相をつかさどる原理とは論理的に異なる活動原理を表出するものだからだ。

動物的生は、これと異なる形相をもつ。動物は、知覚を通じて自分たちの生命形相を具体的に実現する。このことは、動物とその生命形相との論理的関係に変更を迫る。知覚を通じて生命形相を具体的に実現する主体は、自身が実現している一者《ユニティ》としての生命形相とは論理的に異なる一者としてみずからを構成する。それはみずからを特称的な一者として構成するのである。そうすることで、みずからの生命形相を形づくる一般的な一者から自身を区別する。アリストテレスが、〝生きた存在〟のカテゴリーが適用できるのは、動物的生――すなわち、知覚的生――の内部だけだと考える理由もそこにある。動物的生は生きた存在の生である。ライオンを例にとろう。あるライオンが一頭のレイヨウを目にする。このレイヨウの個体を知覚したために、一般にライオンがレイヨウを目にしたときにとる行動を、このライオンの個体もとる。レイヨウを捕食しようとするのだ。その生命活動は、ライオン的生命形相の個別具体的な表出である。個体としてのライオンの生命活動は、ライオンの生命形相をもった個々のものに生じる知覚を土台にしているからだ。

人間の生は動物的生ではない。人間の生は、理性的であるという点で動物的生と異なる。また、動物的生を植物的生に何らかの能力が加わったものと考えることが間違っているように、理性的生を、動物的生に何らかの能力が加わったものと考えることもやはり誤りといえる。そうではなく、理性的生は独自の様相をもつ生なのである。理性的な生命形相の担い手は、「知性」によって自身の生命形相を具体的に実現する。[6] ここでもまた、人間とその生命形相との論理的関係に対して――人間以外の動物とその生命形相との論理的関係とは対照的なかたちで――修正が迫られる。「知性」によってその生命形相を具体的に実現する主体は、みずからが具体例となった一者としての生命形相と論理的に異なると同時に、それと同一でもある一者としてみずからを構成する。なぜなら知性の能力は、その内実が知覚のように生命形相を表出する個別的なものではなく、一般的なもの――つまり生命形相そのもの、いわば生命形相の概念――であるという点で、知覚能力とは区別されるからである。したがって、理性的な生命形相の担い手は、自分が表出していると思っている生命形相を概念的にとらえることで、みずからを個別的なものとして構成するのである。こうして、生の概念のもつ意味はさらに変化するわけだ。

おのれの生命形相を、その概念的な把握を通して現実化する主体は、一般的なものの個別的な表出と自身で見なす一者として、みずからを構成する。その意味で、そうした主体は、論理的にいって一般的であるとともに個別的でもある主体——したがって、当の生命形相と同一であるとともに、それとは異なる主体——としてみずからを構成するのである。かくして、理性的な生命形相は、担い手の生に表出されるものとして生命形相を表象する〝意識形相〟と結びつくのだ。意識形相はみずからを理性的生の形相の表出として表象する。しかし、もし形相の担い手が意識形相を表出しなければ、そもそも理性的生の形相は存在しないだろう。

こうした考え方にしたがうならば、「人間」という概念の根本的な意味は、そうした理性的な生命形相をあらわすことにある。意識形相を多様なかたちで反映する、「人間」概念の種々の用い方がある。だからこそ、この概念は理性的な生命形相をあらわすのだ。

5

アリストテレス流に「精神」を理解すれば、ガブリエルを悩ますであろう上述のジレンマが生じる余地はない。人間という観念を使えば、「概念に依存する事実」とは何かを説明できる、というのがガブリエルの考えである。しかしそうした考え方は、ジレンマにたやすく陥ってしまう。すなわち、人間がみずからを人間として意識できるのは、人間が少なくとも動物の一種であることを否定するときにかぎられるというジレンマだ。言い方を変えれば、人間が自分を動物の一種と見なすならば、そう考えるその人は自分が人間であることを決して知りえないわけである。アリストテレス主義は「概念に依存する事実」という考えに異を唱えるわけではない。そうではなく、この考えを一個の特異な生命形相の「かたち」を説明するのに用いるのだ。人間の生は、その存在と同一性が意識形相――その担い手は、人間の生命形相の表出としてみずからを表象する――に依存するという点で、特異な形相を備えている、と。

「精神」は、ガブリエルの言い方をかりれば、たしかに「説明構造」(本書六七頁)である。しかしそれは、もっと大きな説明構造、すなわち生の概念に含まれる説明構造のなかに置かれるべきなのだ。植物的生や動物的生では、当の生命形相を表出するものにとって存在と同一性は所与の事実である。しかし、生命形相がそのようなものではなく、それを表出するものによって知られることで当該のあり方をする場合、「精神」はこの「説明構造」がとる決定的なかたちを表しているのだ。したがって、「人間はどうして自分が一種の動物だと知りうるのか」という問題に思いわずらう余地はない。人間は、自分が何者であるか(そして何者でないか)を、その実際のあり方ゆえに知っているのである。

第５章

四人に答える

5. Replies to Jocelyn Maclure, Charles Taylor, Jocelyn Benoist, and Andrea Kern

マルクス・ガブリエル
Markus Gabriel

I　マクリュールに答えて

本書の序論でジョスラン・マクリュールは、心脳問題をめぐる新実存主義の見解について、いくつも問題を提起している。そのなかで彼は、この話題にかんする私の発言が（エナクティヴィズムや拡張した心論[16]などの）「外在主義」と彼の呼ぶ見解と似ていることを強調している。また同時に、一見したところ私の見解が「非還元論的物理主義」「性質二元論」「創発主義」（本書八頁）と似ているという診断も下している。理由はそれとなく述べられているだけだが、彼自身は、自然主義のプログラムを全面的に否定するよりも、「穏健な自然主義」を採るほうが好ましいと考えているようだ。

ケルンへの答えでくわしく説明しようと思うが、心脳関係（あるいは心身関係）は、しいていえば「条件主義」と呼べる形態をしている。われわれが知るかぎり、心的なものとしてひとつにくくられる活動の多くが、（現象としての）意識も含めて、脳の何らかの部位と相関していることは経験的事実といってよさそうだ。しかし、次のことにも注意してほしい。意識に関係する心的な事象を説明する場合、その説明の大半によって特徴づけられる心的活動が、脳全体によって支えられているわけではないこともまた経験的事実なのだ。[1] 心的活動と有意に相関するのは、脳の一部、脳活動の一部分にかぎられる。そして、たとえば意識に対応する神経相関物が実際にあるかどうかは少しも明らかではない。こうした事情にはいくつも理由がある。

ひとつ大きな問題は、「意識」という言葉がいろんな使われ方をするという点だ。実際の脳の何かと相関関係にあると言えるだけの、哲学的に筋の通った用法がどれなのか、まずはっきりさせる必要がある。しかし、意識概念をある程度明確にできた場合でも、意識の神経相関物（そういったものがあるとして）が一体どういうものなのかという問題については、いまのところ誰もが納得できるような答えは見つかっていない。また動物界には、われわれの脳以外にも、意識の土台となるであろう神経系があることも問題を複雑にしている。

話をすすめるために、トノーニとコッホのＩＩＴ（意識の統合情報理論）のようなものが意識測定器を実現する手段だと想像してみよう。つまり、意識の神経相関物を特定する厳密な科学的方法の実現につながるものと考えてみるのだ。トノーニは、覚醒しているときと夢を見ているときの心的状態のことを「意識」と呼んでいるが、彼のいう「意識」の神経相関物は本当に見つかるのだろうか。べつに私は、そうしたものが発見される可能性を、概念上の理由から疑っているわけではない。トノーニの意識概念について、その哲学的な細部を明確にする作業は、たしかに注目に値する。とはいえ、新実存主義はこの方面にかんしていくらかヒントを提供することはできても、正しい説明がなんなのかを直ちに言えるわけではない。新実存主義の提案に沿って意識の理論をくわしく展開するには、明らかにまだ多くの課題がある。

このほかにも、神経相関物を原理的にもちえない「知覚」といった言葉もある。せいぜいのところ、意識的な知覚が、最良の経験的理論(IITであれ、グローバル・ワークスペース理論であれ)によって特定された意識の神経相関物と必然的に関わりあっていると言えるにすぎない。心的語彙で拾い上げられたタイプのトークン[17]の一部に、神経相関物があることは明らかだろう。ここでトノーニとコッホは「支え《サポート》」という言い方をしている。これは「相関物」よりも中立的な言葉だ。新実存主義の立場からみて「精神的」と呼べる出来事の一部は、明らかに神経に起こった何らかの事象に支えられている。

私は、人間は必ず肉体をもつという見方を支持している。人間は何よりも動物である。その動物的側面をもっとも的確に説明してくれるのは自然科学だと考えている。ある種に属する動物であることが何を意味するかは、種の進化の枝のどこにわれわれが位置しているかで決まる。こうした考え方は自然主義のものだ。新実存主義は(古き良き実存主義と同じく)、生気論[18]にはまったく賛同しない。ましてや、不死の魂がさしあたりこの肉体を生かしているなどという考えは論外である。

哲学者は科学的知識を下手にいじくり回さないほうがいいという、マクリュールの穏健な自然主義には、一般論としては私も賛成だ。科学的知識(自然科学に限られないが)については、専門家の意見こそが重要である。たしかに、科学と形而上学の境界線は簡単には引けない。科学は、形而上学的な前提や概念的な前提を暗黙裡に立てているからだ。だから、人間にかんする問題を自然科学者と人文科学者に外部発注するわけにはいかない。心があるという人間の性質が、どの程度肉体をもつことと切り離せないかは、当該の文脈で〝心がある〟という概念がどう働いているかによる。

新実存主義の立場から精神という還元不可能な概念を説明しても、あらゆるタイプの心脳問題、心身問題、心と物質の問題に決着がつくわけでないことは確かだ。この件について、議論の新たな選択肢として私が提案したいのは条件主義である。条件主義によれば、心的と呼べる出来事はどれも、さまざまな条件を部分としてもつ一個の全体である。条件の一つひとつは、本当の出来事が生起するための必要条件であり、それらが合わさって十分条件を成している。人間の心的活動にかんするかぎり、心が働くための必要条件の一部は、ニューロンに起きる出来事だといえる。脳がなければ心的活動はない。しかし、だからといって心脳同一説が支持されるわけではない。たんに、人間の心的活動に必要な条件の一部が、自然の過程——自然種の観点から考えるのがもっともふさわしい過程——と同一視できるという考えを裏づけてくれるだけである。

しかし、個別のケースで、一個の全体としての心的出来事を、自然的な必要条件ばかりに帰着させて説明するのが最善だということではない。心的出来事は、一般にそうしたかたちで還元可能だとはいえない。還元できるものも、できないものもあるのだ。だから、一方に「心」があり、他方に「脳」があって、両者はどう関係しているのかと問えることが前提にある枠組みにとらわれた還元論は、そもそも問いの立て方自体がまずいわけである。実際にあるのは、心的語彙を含む、いろんな語彙を使って拾い上げられる出来事なのだ。新実存主義が訴えたいのはこの語彙の役割であり、心的語彙の中心的役割の一部にかんして、自然主義のアプローチがどう誤っているかという点である。

心の哲学における心脳問題の論争で提示された標準的な選択肢では、論者個人のお気に入りの心的語彙(たいていは英語の話者の言葉が相場だ)が具体的なもののように扱われることが多い。たしかに、広い意味の文脈に埋め込まれているにもかかわらず、心的出来事が完全に自然種からなるケースはある。過去から現在にいたるまでの、人間の思春期をとりまくさまざまな文化的実践について考えてみよう。思春期はホルモンが変化する時期であり、生物学的に説明することがもっとも適切である。しかし、その時期のヒトの行動は、人類史にも影響を与えるものなので、「思春期」という自然種はより幅広い精神の文脈に溶け込んでいる。知覚や知識といったほかのケースでは、動物と、(フレーゲ的)意義と、事実や対象からなる場面のあいだに客観的な関係が成り立っている。したがって知覚は、たとえば心脳同一説の説明材料には向かない。知覚は、いかなる神経活動ともイコールではありえない。知覚の対象が本質的に関わっているからだ。一般に、知覚の対象それ自体はニューロン上の事象ではないのである。

私の考えでは、われわれはまだ(自然科学の対象領域としての)宇宙を十分に理解するには程遠いところにいる。物理主義や創発主義が思弁にとどまる理由もそこにある。哲学的志向のある一部の科学者は、形而上学のレベルでは、現在の科学的知識を自然主義的に解釈することに反対しており、現代版の本格的なプラトニズム、スピノザ主義、モナドロジー、ヒンドゥー教的一元論に共鳴するような見方さえ述べている。科学を重んじるということは、科学者を重んじるということでもある。(アインシュタイン、シュレーディンガー、ハイゼンベルクなど)もっとも成功をおさめた自然科学者の一部は、現在の理論哲学における物理主義や自然主義の主流派とはまったく相容れないかたちで科学の形而上学を解釈しているが、この事実は、そうした主流派にとってあまり都合のいい話ではない。[2]

ここまでの話は、単刀直入にいえば、心脳問題、心身問題、心と物質の問題はひとつではないということだ。実体二元論のたぐいの根底には多くの錯誤があるが、そのひとつは、心的なものと物質的なもののふたつから実在が構成されると考えた点にある。ふたつがどう関係しているかという問いは、宇宙を二分するメタ物理学と同様に、問題の立て方がまずいのだ。

さらに、新実存主義の背景にある存在論は、実在がひとつのものであるという思想や、そこから生じる心の位置づけ問題と決別する。私が「無世界観」と呼ぶ考え方によれば、一個の全体としての実在などというものはない。自然科学が研究する意味の場としての宇宙もまた、おそらくひとつのまとまりではない。しかし、自然主義者を批判する前に、ここで彼らのために一歩譲って、科学の統一性を認めることにしよう。ということは、私の自然主義批判の論法は、もしそれ(ら)が正しければ、いっそう強いものになるということだ。なぜなら、私の批判はより手ごわい敵——おそらくヒューム的モザイク[19]の全体構造を突き止めでもしたのであろう敵——に向けられているわけだから。

新実存主義は、存在論の場面でポスト自然主義の枠組みに依拠しながら、人間の心の問題に取り組もうとする立場である。マクリュールが正しく強調するように、この枠組みは徹底して実在論の立場にたつ。意味の場の存在論によれば、一個の全体としての実在は筋の通らない観念だし、そうした実在を自然科学の対象領域とイコールで結ぶのはもっとひどい悪手であり、いずれもよりすぐれた実在の理論に置き換える必要がある。意味の場の存在論については、べつの機会にくわしく説明し擁護しておいたが、これはたがいに還元不可能な多様なものの集まりとして実在を理解しようと訴える強力な立場である。

実をいうと、この反形而上学的な戦術は、私が「非超越論的経験主義」(Gabriel 2015a: 245–6)と呼ぶものの導入を狙ったものだ。実在の中身や構造をめぐる形而上学的問題は疑似問題であり、この現実の世界では、科学的知識から目を背けるものでしかない、と考える立場である。したがって、この戦術にそった自然主義の否定は、科学と親和的なスタンスを意図したものであり、科学の内側から生まれてくる哲学的問題に取り組むことを狙いとしている。当然ながら、そうした問題には心の哲学でいま論じられているものも含まれる。たとえば、ハード・プロブレムやそれに類する難問が本当にあるのかといった系統の問題である。

新実存主義は、心の哲学の基礎を再考する枠組みを提供する。ひとたび基礎が整えば、もっと具体的な問題についての判断がつくはずだ。つまり、大きな一個の課題としての心脳問題はありえないことになる。問題があるとすればそれは、同じかたちすらもつとはかぎらない多様な問題なのだ。

しかし、ある意味で、本書で定式化したような新実存主義は、ほかの場面(個別の科学どうしが交差する場面や、科学的知識が獲得される最前線)で生じる問題を明確にする枠組みを提供するだけというわけでもない。というのも、新実存主義は、精神にかんするかぎり、徹底して非自然主義と非還元論の立場を貫くからだ。この立場によれば、人間の多様なあり方に歯止めをかけることは原理的に不可能である。実際の人間の心のあり方はさまざまであり、心脳問題、心身問題、心と物質の問題に決着をつける魔法のような解決策となる、特別な語彙を特定することもできない。単一の問題としてそうした問題があるわけではないのだ。

最後に、「実存主義」に簡単に触れて、マクリュールの序論について私が考えたことを締めくくろう。人間の主観性にかんする、あるいはサルトル風にいえば「人間的現実」にかんする実存主義の思想には注目すべきものがあり、新実存主義が取り入れている要素も多い。本書で素描した見解を構成する材料としては、次の二点があげられる。

1　人間は本質なき存在であるという主張

2　人間とは、自己理解に照らしてみずからのあり方を変えることで、自己を決定するものであるという思想

哲学的思考における来たるべきポスト自然主義の時代——その時代の選択肢のひとつとして、新実存主義を育んでいこうという本書の私の論考は、こうした実存主義のスローガンが心の哲学にとって何をもたらすかを明らかにすることに狙いがあった。心の哲学の中心問題を立て直そうという目論見だ。哲学者のあいだにいまもはびこる自然主義的世界観の行き詰まりや病を思えば、それは緊急の課題と言わなければならない。[3]

とはいえ、この企ての趣旨は、穏健な自然主義とも完全に両立すると思う。自然主義とは、現代的な生を生きようとする姿勢なのだから。無窮の宇宙についてわれわれが科学的知識を積み重ねてきたことも、啓蒙主義の時代から二〇〇年にわたり目にしてきた科学的知識の輝かしい進歩にもかかわらず、この宇宙にかんしてはいまだ無知同然であることも、ともに正面から受け入れて生きようという姿勢である。

II　テイラーに答えて

テイラーが本書に寄せてくれた論考や、これまで私が接した見事な著作から判断するかぎり、目下の話題については、彼と私のあいだに大きな意見の食い違いはなさそうだ。第1章で述べた私の考えもおおむね的確にまとめられていると思う。とはいえ、彼の整理の仕方で、私の側からもう少し明確にしておきたいところもある。この場では、その作業をもってテイラーの考察への答えとしたい。

精神にかんする新実存主義の説明でテイラーがまず取り上げるのは、人間の生における意味の役割が強調される点である。意味の土台は、人間社会において、各自の行為の目的をたがいに理解（あるいは誤解）することにある。われわれは、他者の行為を、行為者としての自分が用いることのできる語彙に照らして解釈する。解釈の作業を支えるのは、おりおりの文脈や状況で、最善（の種類）の行為や行為の選択肢と見なされるものの秩序ある説明だ。

意味は言語の使用と結びついている。そして、言語の使用には歴史がある。この歴史は、同じ自然言語を用いるすべての話者に共有されているわけではない。ある歴史的発展段階にある共同体で実現される言語的活動があるとして、どの話者も、あくまでそうした活動の一部を使う訓練をするだけだからだ。言語の成立は、さまざまなレベルの分業と結びついている。話者は、多種多様な状況・刺激・心理的に重要な出来事に対して、言語行動というかたちで反応する。そしてそこから、心的語彙の歴史的・地理的な分化が生じるのである。

基本となるこの解釈学的洞察は、いろんなかたちで説明することができる。テイラーは、サルトルの決意主義、それに対するメルロ＝ポンティの批判、ハイデガーの世界概念、ヘーゲルの精神をめぐる高度な議論に簡単に触れている。これらはみな、私が「新実存主義」という大見出しでまとめた伝統に含まれる要素である。新実存主義の新しさは、実存主義の伝統の共通項を、現代の形而上学と心の哲学の問題に適用するところにある。私の考えでは、その共通項とは、テイラーがいうように、「われわれがみずからを決定する動物であることは逃れようのない事実である」という思想にほかならない。彼は正しくこうも付言している。「しかし、そうだからといって、われわれの自己解釈において真理がいかなる位置を占めるかという問題が解消するわけではない」(本書九〇頁)。付け加えられたこの一節こそ、新実存主義とサルトル流の決意主義とを分かつものだ。行為主体はみずからを作り上げる。その主体の自己決定は、手近な、外部のいかなる真理規範にも従属しない。これがサルトルの決意主義である。

われわれは動物界や非動物界にただ溶け込んでいるだけの存在ではない。その所以は一群の語彙が教えてくれる。自己決定をするとは、そうした語彙に照らして生きることである。「人間は自由の刑に処せられている」というサルトルの格言を私なりに解釈し、合理的に再構成すればそういうことだ。[4] 動物や生命なきものとの違いに加えて、一部の（信仰をもつ）行為主体は、（自分が信じる宗教の教えによって）人間と神、あるいは人間と神々とをさらに区別する。いずれにせよ行為者としての人間は、自分自身についてのそれなりに複雑な説明にもとづいて、人生のある場面で自己決定をしたり、心のあり方を整えたりする。匿名の自然（宇宙）やほかの生き物たちに比べて、わずかながらも際立った存在として自分をとらえながら。

人間と人間以外の存在をどう線引きするかという問題にはいろんな考え方があるが、そのくわしい内容によって、行為主体個人の価値体系も左右される。自分のとりうる思想や行動の最大幅をふまえて自分自身を理解することから、社会的・政治的結論が導かれるからだ。われわれの誰もがいまある人間社会の仕組みについて何らかの見方をもっている。そして、その見方にしたがって、自分たち人間が守るべき行動（の基本指針）を具体的に提案したり、みずからに課したりするのだ。人間の生は、例外なしに、よき生き方の勧めを具現化したものである。われわれは自分が何らかの価値観にしたがっていると考えているからだ。自分がしたがっていると思う価値観に見合った振る舞いを実際にしているかどうかは問題ではない。

だからこそ、心の構造についてわれわれが考えていることが真かどうかという問題に答えられたからといって、自分が何になりたいかという問題は決着しないのだ。われわれはある人格になりたいと望み、またそう望むことでその人格へと変わっていく。しかし、その新たな人物像は、自分について真だと思うことだけで決まるわけではない。自分の決意によっても、いまある自分の真の姿によっても決まりはしない。自己決定は実際の真理に必ずしも縛られるわけではない。だがその決定の内容は、たとえば自然の事実を見据えることで、あるいは自己の確立と維持に用いる語彙を深く理解することで、必ず吟味できるのだ。

純粋に自然界に由来する病気との関係について考えてみよう。人体や、健康と病気の条件などについての知識は、いまだ完全というには程遠いレベルにとどまっている。内部の複雑な構造ゆえに、人体にはこれからも神秘の部分が残るだろう。人体が本質的に生態系の一部であることも、その複雑さに輪をかけている。生態系の複雑さは、明瞭な因果関係によって機械論的にすみずみまで記述できるものではない。

身体の病気との付き合い方が千差万別なのも、それが理由のひとつだ。病気を精神の領域への侵入として受け止めようとすることもあるだろう。そこから英雄的な振る舞いが生まれたり、降りかかる不測の事態――というのは、われわれが住む宇宙はわれわれの存在など一切頓着しないからだが――を受け入れたりといったこともある。しかし、べつのかたちで病気を説明することも際限なく可能だ。たとえば、心の力で身体をコントロールできることを望んだり、宗教的信念にどっぷりと浸って、罪を罰するために病気があるという目的論でとらえたりというように。

このケースは、流行の語彙を取り込んで、新たに生じた状況に自分の心を適応させようとするのとは違う。いま、ある人物が一九世紀の伊達男になろうと決心したと想像しよう。コメディ・ドラマ『となりのサインフェルド』でジェリー・サインフェルドの演じるキャラクターは伊達男になろうとトライして失敗ばかりするのだが、それとは対照的な人物を思い描いてほしい。伊達男をどう考えるかは、伊達男というものの本質的な一部である。伊達男がどういった人間かは時代とともに変わる。なぜならこの概念は、完全には見通せない複雑に絡み合った期待や意図と密接に結びついているからだ。これと似たことは、流行とともに変わる、人の外見を表す言葉にも当てはまる。

人間とは何かという問題をいったん白紙に戻して、時代や場所による変化に左右されない対象を与えてくれる語彙をゼロから構築できるような、そんな都合のいい中立地点はない。

だとすると、消去主義的唯物論のたぐいの試みは、そのロジック自体が理解できるものかどうかおおいに怪しいことになる。その種の話は、ある価値判断が背景にあってはじめて意味をなす。つまり、手持ちの最良の自然科学的語彙だけを考慮してみずからをとらえるべきだという価値判断だ。極端な還元論の視点から人間の心を説明する議論では、どうしたわけかこのことが表立って言われることはない。

いまあるわれわれは、はじめからそういう存在としてあるのであって、作り上げたものではない――そうした考え方のなかに人間を取り込もうと思うこともまた、人間のあり方のひとつといえる。スタンリー・カヴェルがいみじくも述べたように、「自分が人間であることを否定しようと思うことほど、人間らしいことはないのだ」(Cavell 1979: 109)。人間であることは、人間にとって避けられない任務である。それは果たすべき任務であり、所与ではない。なぜなら、大人へと成長する途上でありとあらゆる意思決定をすることなしに、人間にはなれないからだ。人間の生は無数の段階から成り立っており、(キルケゴールのいう「実存の三段階」[20]のような)一般理論でそれらを特徴づけることはできない。人間の生にお定まりの行路はないし、道行きの全体も決まっていない。われわれが自己決定の能力を行使できる文脈では、社会的、歴史的、個人的、自然的、文化的、経済的等の因子が数え切れないほど絡んでくるのだ。

この自己決定の能力は、それ自体としては具体的な中身を欠いている。しかし、その内容は徐々に豊かなものになっていく。人間のあり方は、人間の役割について実際にどういう文脈で考えるかによって決まってくる。現実の文脈では、一連の状況(それをまとめたものが文脈だ)で何が業績になるかを判断してはじめて、人間は何者かになることができる。

この点にかんして、私の案を「輪郭のはっきりした」ものとそうでないものという区別を使って整理分類したらどうかというのがテイラーの考えだが、私もその意見を受け入れたい。だが、自然が「輪郭のはっきりした実在」(本書八五頁)の領域にすぎないと言いたいのではない。「自然」について、より正確にいえば「自然種」について、私がもっと中立的な理解に訴えるのもそれが理由だ。新実存主義の章で述べたのは、「宇宙」が、われわれの手にする最良の確固とした自然科学の集合体によって研究される(さまざまな)領域を意味するという考え方である。自然科学とは、自然種を対象とする科学だ。自然種は、われわれの考え方によっては性質が変わらないものである。自然種とは、自然をそのつなぎ目に沿って切り分けたときに現れる実在のパターンである。最善の切り分け方をするものが、いわゆる「自然科学」だ。電荷とは何か、おとなりの銀河までの距離はどれくらいか、素粒子にはいくつのタイプがあるか、バリオン物質と暗黒物質の比はいくらか、シナプス伝達におけるイオンの役割は何か、等々——自然科学が解き明かすのはこうした問題だ。自然科学によって何が見つかろうとも、その知見を、心があり、意識があり、自意識がある生き物というわれわれの自己理解とシームレスに統合することはできない。必ずもうひとつステップを踏まなければならないのである。

それはなぜか。私の考えでは、宇宙についての経験にもとづく思慮こそが自然科学の本質だからである。自然科学の研究には終わりというものがありえない。たとえ宇宙について知るべきすべての事実を知ることができるとしても、「すべてを知っている」ということを自然科学だけにもとづいて知ることはできない。おまけに、宇宙について知るべきすべての事実をわれわれが決して知りえないことは、自然科学を通して知ることができるのだ。物理学の進歩には、宇宙それ自体によって設けられた限界があることを、われわれは現代物理学によって知っている。宇宙についての情報を処理するには、その情報が物理学の発見した条件のもとでわれわれに届けられる必要があるが、その条件は未来にかんする全知と両立しないことが二〇世紀に明らかになったのだ。あらゆる物理的事実を知るにいたった結果、物理学がその歩みを止めるなどということは決してない。たとえ物理学が——実際にはありえないことだが——探究の理念的限界に到達したとしても、その事実を知ることはできないのだ。経験科学である物理学は、対象領域である宇宙の事実にたえず柔軟な視線を注がなくてはならない。宇宙はいつも新しい教訓をさずけてくれる。もっともその教えは、既存の知識の大幅な改訂にあたって、柔軟な態度につとめるべしと説くものではないらしい。経験的知識を獲得しようと思うのなら、懐疑論や陰謀論といった認識論的立場を柔軟に受け止めるべきではない。

こうした点を踏まえれば、人間の心にかんする私の新実存主義の説明はテイラーのものより野心的であることがわかる。とはいえその違いは、科学技術のいまの発展段階では現れないのだが。テイラーは、一般論のレベルで精神の還元論的説明を否定できる論証があれば、それで満足なようだ。ここで、一般論としての精神の還元論的説明が次のような見方だとしよう。自然種を拾い上げるようには見えない心的語彙の要素すべてを、自然種を拾い上げる要素で置き換えることが(近い将来、あるいは少なくとも遠くない将来に)実際に可能だとする説である。テイラーは、そのような研究プログラムは無理な注文で、たとえばコタール妄想といった精神障害を引き起こす自然種を説明するような、つつましい業績とは別種のものだと主張する。そうした精神障害の発病は、脳の一定の部位でおきたニューロンの構造的な誤発火として説明するのが最善かもしれない。精神障害のボトムアップ式の原因についてこれまでわかっていることをもとに一般論を展開するには、すでにそうした説明ができている具体的症例にそって人間の心を説明し、われわれが自分を規定するのに使うすべての語彙を分類する必要がある。しかし、経験によって実際にそうした一般的還元をするにはどうすればいいかは難問である。心的語彙の全体——その歴史的・地理的なバリエーションも含めて——と、神経生物学の語彙をベースとする心的機能の経験的研究とのあいだには説明ギャップ(21)があるのだ。

もちろんこれだけでは、還元論的説明が不可能だという話にはならない。しかし、われわれの取り組んでいる仕事が、たとえばXについて考えた内容とニューロンの発火との相関を探るよりもはるかに厄介なものであることは明らかだろう。われわれが道徳的思慮にもとづいて行為していると主張するとき、そこに虚妄がありえないということではない。実際、さきほどの私のお話はそうしたケースだった。ところが、価値を考察する余地がない説明レベルに移行するのは、はるかに野心的な主張をすることなのだ。しかも、それがどんな主張になるのかは必ずしも明らかではない。(本書八六〜八七頁)

この点で、私の論考の狙いはもっと野心的である。原理的にすら、還元による一般的説明は不可能だというのが私の主張だからだ。これはたんなる認識論的テーゼにとどまるものではなく、あるがままの人間の心についての主張でもある。人間の心は、志向的スタンスから生まれてくる。だが、志向的スタンスは幻想でも妄想でもない。それは実在の一部なのだ。

ここで私の無世界観(「世界は存在しない」)が重要になってくる。実在は宇宙で尽くされるわけではないという見方だ。宇宙の大きさは圧倒的というしかないが、存在するのはそれだけではない(Gabriel 2015a, 2015b)。しかしこれは、一個の全体としての実在にかんする形而上学的主張ではない。そのような全体なるもの自体が存在しないのだ。文字通りの意味で万物を包含するような領域はない。存在論的還元では、真偽の問える言明で特徴づけられるある現象が、当初の考えとは大きく異なる領域に属するものであることが主張されるが、上に述べたことはそうした還元に概念的な揺さぶりをかけるものだ。

これ自体は保守的な原理ではない。魔女や魔術師が空想の産物の領域に属することが判明したように、こうした存在論的還元を、妖精や一角獣など、ほかのケースに拡大することは間違いではない。しかし、このことは虹には当てはまらない。ましてや、痛みや意識はいうまでもない。虹の正体が、思っていたのと違うことはあるかもしれない。だがそれと魔女のケースとは話がまったくべつである。まして、神や魂などといった、還元や消去の対象として真っ先に思い浮かぶものと同列に扱うことはできないのだ。

私の存在論(意味の場の存在論)では、あらゆる現象をひとつの基本的な対象領域(物理的なものでも、心的なものでも、具体的なものでも、抽象的なものでも、何でもかまわない)へと形而上学的に還元することが原理的に無理だと考える。それゆえ、人間の心のあらゆる側面を自然種へと形而上学的に還元するなど(原理的な理由から!)わざわざ試みるべきではないのだ。なるほど、経験的知識の獲得に訴えて、人間の心を段階的に還元する手がまだありそうにも見える。だが、これもやはり不可能なことだ。心的語彙の完璧な全体像を把握して、(言語的)分業を効果的に廃する必要があるからである。ところがこの要求は、自然科学における知識の獲得とは両立しない。後者は、(言語的・科学的)分業に大きく依存しているからだ。ここで未来の科学を持ち出しても無駄である。現実の科学による正当性の裏づけがないからだ。要するに、自然科学も形而上学も、実際に人間の心を還元論の立場から包括的に説明する方向には進んでいないのである。

新実存主義者が、関連する実存主義のプロジェクトに照らして、そうした説明の試みそのものを研究しようと思う理由もそこにある。新実存主義者の診断では、包括的な還元論や消去主義に立つ心の哲学は、重度の実存的虚妄にとらわれている。実存的虚妄とは、あるやり方でみずからを考えることで生まれる心的能力の束が自然種でないことを認めない、人間の説明をいう。虚妄にしたがって人間を自然化するやり方はいろいろだ。過激な唯物論から宗教じみた唯心論まで、虚妄のスペクトラムはきわめて幅が広い。過激な唯物論は、われわれ人間が膨大な数のニューロンや細胞の集まりだと主張する(人間の心を、脳ではなく、人体の一部を構成するより大きな自然の構造物と見なそうとする場合の話だが)。それに対して、宗教じみた唯心論では、自然科学の目から覆い隠された自然種が宇宙にはあると考える。たとえば、われわれの松果体を動かしたり、神経細胞の微小管のあたりを量子スケールで動き回ったりする不死の魂などだ。人間の心、あるいはその顕著な特徴のひとつ(たとえば意識など)を、重力や電磁力と並ぶ宇宙に働くべつの力と見なす汎心論のたぐいも、種類こそ違うもののやはり実存的虚妄である。

最後に、私の語彙の使い方にかんしてテイラーにちょっとした問題があるので、それを正しておこう。世界の存在を否定するからといって、私は、『存在と時間』の一四〜二四節で提示されたハイデガー流の世界論を受け入れるわけではない。人間の世界、すなわち生活世界もまたひとつではないし、ひとつにまとめ上げることもできない。われわれを人間たらしめるのは、形式的なことがら——つまり、われわれはある種の行為主体であるという事実——である。自分たちと、ほかの行為主体である動物や、行為主体とはなりえない自然との違いを説明し、その説明に照らして生きていかねばならない、そうした行為主体だということだ。人間は、みずからを作り上げるという営みから、多種多彩な結論を導き出す。しかし、つまるところ、われわれはこの形式的構造によってひとつに結ばれているのである。[5]

III　ブノワに答えて

私の理解が正しければ、ジョスラン・ブノワが提起する大きな懸念はふたつある。ひとつは、自然と心の区別の仕方をめぐるもの。もうひとつは、自己欺瞞と自己意識の問題に関わるものだ。

最初の問題は、心の位置づけという大きな問題を私が否定する文脈で生じる。ブノワは的確に次のように述べている。「ガブリエルが掲げる基本的な目標は、〝本質的に心を欠いた世界に心の占める場所を確保すべし〟という課題設定を否定することである。その点については異論はない。それでもこの問題について、これで片がつくと彼が考えているのかは疑問である」(本書九五頁)。ブノワが提起した一連の問題は、私が述べた新実存主義的な心の説明が、いわば位置づけ問題の刻印をあまりに強く帯びているのではないかという彼の疑念に発している。彼の第一の懸念を三つの問題に整理して、順々に検討することにしよう。

まずひとつめは否定の問題である。ブノワはこう述べる。「しかし、物理的なものとは対照的なものとして、心的なものはやはり措定しなくてはならない。さて、このようなかたちで心的なものをとらえるのが最善の道なのだろうか。私には自信がない。そのように心的なものを措定すると、現代のいわゆる「心の哲学」はたんなる否定の哲学になってしまいかねない」(本書九五頁)。続けて彼は、なぜ、これが危惧されるのかを説明する。同じ「類」に属する、物理的なものとの対比で心をとらえるべきではないから、というのがその理由だ。そのように見なすと、「心はたんなる物理的な存在ではなく、べつの種類の存在だと考える」(同所)ことになってしまう。これについてはたぶん私も同じ意見だろう、とブノワはいう。拙論には、自然主義の語彙と心的語彙の意味論的な違いが「一定の複雑さをそなえた生物と無生物のあいだにある自然のギャップ」(本書六〇頁)にあるという考えを否定する一節があるからだ。なるほど、自然と心の区別を「自然」という類のなかに設けるべきではない。それはこの一節で私が述べていることだ。もう少し一般的にいえば、存在や実体という類のなかに区別を設けて、(少なくとも)ふたつの種類の存在や実体があるとか、心的なものという種と非心的なものという種があるなどと主張する二元論を認めないのが私の立場だ。

しかしそれを認めない理由は、心的なものの還元不可能性について、ブノワが私と似た見方をとる理由とは違う。私が道具として利用する概念について少し明確にしておこう。「精神」という言葉は非物理的な一個の形式的全体を指しており、これは心的語彙の使用によってわれわれが存在論的にコミットしているものである。非物理的というのは、あるタイプの語彙――第1章で述べたような自然種概念の使用を指示の不可欠の条件とする語彙――によっては拾い上げることのできない形式的な部分をそれがもっているからだ。「形式的」というのは、精神が、宇宙の研究では明らかにできない思考対象だという意味である。それに対して、一個の原子、一個の分子、一個のクエーサーのような一個の全体は、宇宙の物質とエネルギーの組成を経験的に調べることではじめて見いだされるという意味で、実質的(非形式的)である。精神は、真偽の問える思想で指示されるものという形式的な意味で、ひとつの対象といえる。しかし、たとえば「自由な通行をさまたげる障害物」といった実質的な意味での対象ではない。[6] 精神は、あらかじめその存在が知られていないかぎり、自然科学によっては発見できない。もちろん、われわれの精神性(精神的である、すなわち精神をもっているという特徴)の細部について、自分たちの認識がつねに正しいということではない。

なぜ精神にかんして誤る可能性があるかといえば、ひとつには、精神が物理的あるいは生物学的な部分を含む一個の全体だからだ。私の身体は私の精神の一部である。いまこうして文を綴っている私は、基本的に精神の活動にたずさわっている。命のない存在と命ある存在と人間との境界線をどう引くかという問題に取り組むという活動だ。情報の符号化には物質やエネルギーといった資源が不可欠だから、この活動には宇宙も関わっている。また、私の内面的な生活を維持し、この瞬間に覚醒状態を保つなどの働きをする脳がなければ、こうして文を綴ることもできない。われわれの祖先は、精神の一部が実際には物理的なものなのに、それを物理的ではないと考えてきた。また逆に、物理的でないものを物理的なものと考えることもあった。精神が物理的なものに尽くされないということは、アプリオリな概念的真理だと思う。しかし、それ以外は未決問題である。心的語彙のどの要素が宇宙のどの部分と関係しているか、その関係が正確にはどういったものかは、経験的探究と概念的整理に委ねられた問題なのだ。

「心」や「意識」をはじめとする心的語彙の多くは、カテゴリーの異なるたくさんのことがらを同時に指示する包括的な用語である。ある具体的な条件のもとで、それらが何を指示するにせよ、その指示対象は精神の形式的全体の一部を形づくることになる。私が精神と自然を区別する基準は、結局のところ、自然の成り立ちはわれわれの信念によっては決まらないのに対して、精神の成り立ちは決まるという考えに帰着すると言っていい。したがって、心的語彙のなかに、宇宙に根ざす部分とそうでない部分との境界線をどう引くかは、宇宙のあり方だけでは決まらない。考える人間としてみずからを理解するとき、その理解に重要な役割を担うものが物理的かそうでないかを解き明かすには、宇宙を調べるだけでは不十分なのである。

だからこそ人間は、歴史に深く根をおろした、ほかに例を見ない歴史を背負った存在なのだ。われわれの自己理解は、宇宙の実際のあり方とは無関係に、つねにある程度変化する。したがって、宇宙にかんする誤った信念に依拠しながら、にもかかわらず自分たちのあり方を左右する文化的な象徴体系が文明から生まれることもあるわけだ。

話をわかりやすくするために、「パウロ」という人物が不死の魂をもたないと仮定しよう。しかし、パウロ本人は自分の魂が不死だと思っている。そして、自分が思想のうえで数々の驚嘆すべき仕事をなしとげられる人間であることを、魂が不死であることの証拠と見なしている。この場合、たとえばこんなシナリオが考えられる。パウロはカリスマ的な著述家で、周囲の都市に暮らす多数の市民と面識がある。彼の言葉によって魂というものが不死であることを人びとは確信し、その信念にもとづいて宗教が打ち立てられる。のちにある皇帝の支配のもとで、その集団はひとかどの民族国家へと発展していく、等々。もちろんこうしたことは実際にあったし、これからもあるだろう。神経生理学は意識について教えてくれるが、そうした自然科学の真理の受容だけが人類を未来へと導くわけではない。[7]

精神と自然の区分は形式的なものでしかない。自然であれ、ほかの何かであれ、この区分は対象をそのつなぎ目に沿って切り分けてはくれない。人びとが自分を何者だと考えるかによって、その区分は揺らぐ。しかし、そこには不変の核もある。われわれは、人間の自己理解のあり方とは無関係にあるものたちと、ただ溶け込むかたちで存在しているのではない。この事実を理解する活動こそが不変なのだ。けれども、われわれの置かれた、広大無辺の心を欠いた宇宙を前にしたこの疎外状況を、何らかの自然の事実としてとらえることはできない。その意味で、位置づけ問題が完全に解消されることはないと思うのだ。あるいは、こうした問題意識の残響がひびきつづけると言ったらいいだろうか。その問題意識は、人間の置かれた苦境のあらわれなのだろう。われわれは規範的要求にしたがっている。だがその規範の根拠は、つまるところ人間自身にしか求められない、という苦境だ。だから、神話や宗教に登場する神や神々でさえ、人間に関心を抱くし、ひいては人間の姿をまといさえするのだ(ヒンドゥー教や仏教の化身というかたちであれ、神の息子としてのイエスというかたちであれ)。人間は、自然の研究に固執するだけでは答えられない問題を抱えて存在しているのである。

ここから話はブノワのふたつめの問題へとつながっていく。規範性の問題である。心的なものの還元不可能性は自然と規範の区別に根拠があるというのがブノワの好む考え方だ。彼によれば、この区別は「範疇的否定、二種類の名辞が属するカテゴリーの違い――いわば文法の違い――を意味する否定だ。心の文法は自然の文法と同じではないということだ」(本書九七頁)。心と自然とは、ある特定の領域や存在の内部での区分ではない。心と自然はカテゴリーそのものが違っていると考えるのである。

心と自然の区分を規範と自然の区分に対応させるとき、ブノワは次のような路線を採っているのだろう。しかるべき行為主体がある規範に服するとは、その振る舞いが行為の適否や善悪にかんして評価できるということだ。[8] 行為主体がφをすべきであるにもかかわらずχをしたとしたら、間違いを犯したことになる。ここで観察されるのは、その主体がχをしたということだ。実際にはχをしていても、この観察自体からは、行為主体がφをすべきかどうかはわからない。これは規範的に評価される行為のケースとしてよく取り上げられる話題だが、同じようによく論じられながら、それとは対照的なケースとして、自然法則に服するプロセスがある。実際に起きていることだけが重要なのがこのケースだ。素粒子が量子もつれ状態にあるとき、その性質はある一定のやり方で特徴づけられねばならない。すなわち、「素粒子は状態φにある」というように。この場合、ほかの状態にあるべきだとは、いかなる意味でも言えない。

心的なものの規範性の例として、真理がわれわれの生において担う役割がある。私が間違ってpと信じるなら、私は間違いを犯していることになる。けれども、pが偽であるという事実は、それ自体としては間違いではない。間違ってpだと信じるには、pという命題が偽であるだけでは足りない。間違うことは、命題が偽であることには還元できない。偽であることを真であることと取り違える必要があるのだ。しかしそれだけでは、認識の誤りとして非難に値する、現実の面白い例には及ばない。いま私がボリス・ジョンソンの居場所を当て推量したとする(たとえば、実際にはケニアのモンバサにいるのに、オックスフォードにいるなどと)。もし彼の居場所が私の話し相手や私自身にとって重要な問題なら、間違いはべつの種類のものになるだろう。認識状態を人に帰属させたり、真理を目標としたりする議論実践の文脈では、命題の真偽は独自の重要性をもつのだ。だとすると、精神が自然種ではない理由のひとつは、人間の生の規範的次元にたしかに関わっていることになる。

しかし、こうした路線をどれほど厳密に追求しても、心が――より正確には精神が――存在するという事実に変わりはない。フェルミオンや銀河、地震が存在するように、規範性も存在する。とはいえ、(存在という)一個の類があって、そこにさまざまな種や様態が含まれるということではない。その点はべつの機会にくわしく論じておいた(Gabriel 2015a: 135–56)。存在するものすべてをひとつの大きな領域に入れることはできない。そんな領域など存在しえないからである。したがって、存在論的にいえば、「心はいかなる種でもない」(本書九六頁)という指摘は適切である。

ブノワは、こうした考え方にさらにひねりを加えてみせる。私もそれにはまったく賛成だ。彼はこう記している。

しかし、自然種なるものにはべつの解釈も考えられる。自然種の「自然」たる所以は、何らかの意味での自然に属するからではなく、指示の固定性のような意味論的性質にあると考えるのだ。「自然種」は、やろうと思えば対象を直示してそれを拾い上げられること、またそうでなければならないことを要《かなめ》とする種であると。この意味では、われわれが固定観念としてもっている、物質的なものの全体という意味での自然には属さなくても、ひょっとしたら心は自然種だといえるかもしれない。

さて、自然主義的な心の見方に対するガブリエルの批判で、いちばん興味深いのは何だろうか。私の考えでは、心はひとつめの意味での自然種でないだけでなく、ふたつめの意味での自然種でもないと考えているらしい点である。心はいかなる種でもない以上、何かを指し示すようにしてそれを拾い上げることはできない。（本書九六〜九七頁）

この一節でブノワは、心を自然主義的に説明する考えそのものを批判した、私の議論を正しく一般化してくれている。心は歴史に開かれている。そのため、心的語彙を拾い上げて指示対象を固定し、人間以外の存在物の領域からわれわれを隔てる、揺れ動く意味論的ギャップを埋めようとしても、それは不可能なことなのだ。

この文脈に関わることだが、新実存主義は心の束説にコミットしている。心はさまざまな能力と活動の束であり、行為や思考を説明する文脈でそれらはひとつにまとめられるという説だ。実存をおびやかす系統発生的、個体発生的な脅威に直面して、われわれは、自分たち人間がいかなる存在なのか、みずからを未来へといかに投企すべきなのかを知りたいと願う。そうしたなかでわれわれは、言葉や、言葉同士をつなぐ推論規則を際限なく増殖させることによって、存在するものに対して自分たちがどう寄与しているかを理解するのである。

ブノワの三つめの問題——これはいちばん簡単な問題だ——は、心や精神の存在論という考え方そのものについてのものである。ブノワによれば、心的なものを「存在論化してしまう」

(本書一〇三頁)ことには危険が潜んでいる。「われわれ独自の「存在」のあり方」は、われわれが「規範のもとで」存在しているという事実にこそあると彼はいう。「規範のもとでの存在は、たんなる「存在」と同じではない」(本書一〇五頁)。これに対する私の答えは簡単だ。もしわれわれが規範のもとで存在するならば、われわれが存在しないということをそれが意味しないのは明らかである。精神は——したがって、心は——存在する何ものかである。それはほかの形式的対象が存在するのと同様に存在する。その存在自体に特別なところは何もない。それゆえ、心を「存在論化」することには何も問題がないと考えるのだ。

ブノワが定式化したふたつめの問題群は、自己意識と自己欺瞞が本質的につながっているという私の主張を利用したものである。自己理解によって構成された、自己意識をもつ行為主体であることは、誤りを犯す可能性があるということだ。自分や他人を誤解したとき、思い違いが生じたとき、われわれは行為主体としてのあり方を変えて、虚妄に陥ってしまいがちだ。

たしかに、虚妄だけが実存的な病というわけではない。自分について誤った信念を抱くとき、まさにそれを抱くことでわれわれ自身が変わってしまう——誰しもがそうだということを具体的に教えてくれる実例として、第1章で虚妄を取り上げたまでだ。「規範性そのもの」があらかじめ働いていることがその場合の前提としてあるとブノワは指摘するが、これには私も同じ意見である。「これが意味するのは、精神が自然それ自体に付け加えたのが、奇妙なたぐいのもの——いかなる規範にも縛られない自身のあり方を規定できるという奇妙な性質をもつもの——ではなく、むしろ規範性そのものだということだ」(本書一〇五頁)。そうした観点から眺めてみると、自己欺瞞は規範の誤用といえるだろう。みずからの人間観に照らして人間たらんとするかぎり、服するべき規範がある——この前提に立った失敗例が自己欺瞞である。だがこの場合も、心的なものの存在論が無効になるわけではない。精神はたしかに存在するのだ。それが表に現れるのは、フィクションという媒体である。われわれは基本的に、いまの自分——だと自分が思うもの——にどうやってなったのかを物語のかたちで伝える。行為主体としての人間にとって、自叙伝はみずからを形づくる重要な要素なのだ。われわれは、いま自分がいる自然という領域にただ属しているだけではない。この事実を理解するために自叙伝は綴られる。われわれが登場するシーンは、自分たちの生を理解するという場面である。

フィクションは、現実に存在するものと対立するわけではない。自叙伝に描かれる自己のような架空の対象はたしかに存在するし、われわれの意識的な生にも、それはまごうかたなく影響を及ぼしている。その意味で、架空の対象であることは、物語によってそれが把握されることと本質的に切り離せない[9]。架空の対象かそうでないかは、この本質的な依存関係によって決まるのだ。架空の対象の存在論にかんする私の見解は、架空の対象が基本的に解釈の文脈で存在するという立場として要約できる。架空の対象の存在はその解釈に依存している。解釈がなければ、そうした対象はいかなる決まった性質ももたないのだ。

ここで、マクベスのような架空の対象の不確定性という悪名高い問題を取り上げよう。マクベスの髪は長かったのだろうか。ペットは飼っていたのだろうか。靴は何足持っていたのだろうか。架空でない対象は、誰がそれをどう思うかに関係なく、完結していると考えられている。私の左肘の一定範囲にある細胞の厳密な数は、私がいくつあると思うかにかかわらず、正確に決まっている。だが、マクベスの身体を構成する分子の数はどうだろうか。

私の答えはこうだ。マクベスについてどう解釈するにせよ、彼にかんする基本的事実と矛盾するものでないかぎり、その解釈によってマクベスの属性は決まる。容認可能などの解釈でも、マクベスが人間であることは基本的事実である。さて、一般に、人間の身体は数十兆個もの細胞でできている。したがってこの戯曲の解釈としては、マクベスが不確定な対象ではなく、動物の一種としての人間であるという事実と矛盾しないかぎり、どんなものも許されることになる。マクベスを客観的に不確定な対象と考える理由はない。これが舞台作品であることを考えあわせれば、なおさらそうだ。ひとりの俳優がマクベスを演じれば、舞台上の彼の存在自体によって、不確定性問題はふつう解消されてしまうのである。マクベスと私の違いをひとつだけあげれば、どんな正当な解釈であれ、私の物理的性質はそれによっては変化しないことだ。私の身体にかんする事実はただひとつであり、無理のない範囲でべつの姿を想像しても、その事実が揺らぐことはないのである。

精神はフィクションの領域にもあずかっている。行為主体である人間は、一部の形式的部分がフィクションである。ダンサー、夫、旅人、気さくな客、食通――こうしたものはみな解釈に本質的にもとづいている。だからこそ、ダンス、結婚、旅行、美食などには歴史があるのだ。その歴史は、各々の時代と場所で認容可能とされる、一連の解釈から成り立つ。それゆえ架空のものは、実在や現実の存在物と対照をなすものではない。むしろそれは、存在するものの一部なのだ。フィクションの意味の場は、この宇宙と同じように実在するのである。(実をいうと、フィクションの意味の場は、一種類の意味の場にはまとめられない。そして、それにはちょっとしたわけがある……)

Ⅳ　ケルンに答えて

　ケルンは、ひとつのジレンマを定式化して、私の見解の概念的な核心部に疑問を投げかける。それを「人間学的ジレンマ」と呼ぼう。つづいて彼女は「アリストテレス主義」と名付けられた見解を素描し、それが人間学的ジレンマを免れていると論じる。以下では、この順にしたがって話を進めよう。

　ケルンのジレンマなるものは一連の仮定に由来しているが、その多くを私は認めない。彼女は「人間を動物の一種と見なすことなしに、人間の概念にしたがって生きることは不可能だ」（本書一一九頁）という。だが、いささか驚くべきこの主張を、いったいどうやって擁護できるだろうか。なぜこれが驚くべき主張かといえば、自分を動物と見なすことなしには人間の概念がもてないという人がいることを、経験的事実として述べているらしいからだ。推測の色の濃い古人類学や、実証的な民族学の知見をわざわざ掘り下げるまでもない。人間を動物とは考えないが、自分自身については何らかの見方をもっている人間をたやすく想像できることは明らかなはずだ。ダーウィニズムの否定を特徴とする、さまざまな宗派の強硬な原理主義者を思い浮かべてもらえば十分だろう。たとえば多くのキリスト教徒が、人間はダーウィンのいう意味での動物ではないと信じている。ヒトという種にかんする実際の生物学的事実に関係なく、われわれが動物かそうでないかを決着させる自然の事実があることは明らかだろう。動物が何かは、その事実で決まるのだ。言い換えれば、動物としてのわれわれには本質があり、その本質はひとつの自然種を指示する生物学の用語によって拾い上げられるのである。現在の生命科学が、タンパク質の生成、RNA、DNA、細胞などに存在論的にコミットするかたちで、その本質をおおよそつかまえているとしよう。ケルンもそのことは否定しないに違いない。生命の形相というアリストテレスの概念にDNAを含めようとしているのだから。

自然種名辞の意味論にかんする多くの説明によれば、われわれの祖先や同時代人は、こうした事実を知らなかったり認めなかったりするにもかかわらず、自然種のある一定の配列を指示している。彼らもまた「動物」という言葉を使うからだ。けれども、自分たちが動物かどうかという問題になると、われわれとは意見が食い違う。人間が動物か否かという問題をめぐる論争で、われわれとは反対の立場にたつ規範的評価にしたがっているからである。

人間に動物的な側面はあるが、獣と呼べるような点はまったくない――こういった見解の余地も十分にある。ここでは、人間は動物の部分と動物でない部分(たとえば不死の魂)があるという、臆面もない存在二元論をあげておけば足りるだろう。

まっとうな理由があったとしても(何がそのまっとうな理由かはともかく)、自分を動物と見なさない人は誤っている。この誤りにはいろんなかたちがある。この方面での新実存主義の主張は、そうした誤りが自然種にかんする誤りというだけでなく、自分たち自身についての誤りでもあるということに尽きる。その誤りは、自分を人間としてとらえる自己了解にも大きく響いてくるからだ。だから、〝人間が動物の一種だという事実を公然と否定しながら、あるいはそれを知らないまま、ある人間観にしたがって生きることはできない〟などとはとうてい思えないのである。

とはいえ私の新実存主義は、一人ひとりの人間が動物であることを受け入れたうえで、そうした可能性――人が、自分が動物であることを否定しながら、なんらかの人間観にしたがって生きる可能性――があることを明確に認めている。人間が動物であることは、動物と同一であることとは違う。ひとりの人間として、私は何よりもまず動物である。「動物性」の意味は、自然科学によって決まる。ちなみに私が読んだ印象では、アリストテレスに欠けていた経験的知識に照らして彼の動物性の概念を改訂すべきであることは、アリストテレス本人も認めると思う。かりに現在の知識が彼にあれば、動物についての見方を変更せざるをえないはずである。

私が、「人間が動物であるという考え方をすんなりと理解でき」（本書一一一頁）ていないとケルンは言うが、それは正しい。けれどもそれは、人間が動物そのものだと私が思っていないからだ。一個の人間——つまり人間の一例——は、精神の一例である。にもかかわらず、人間という概念が具体的にひとりの人間というかたちをとるには、自然の条件のなかでそれが実現される必要がある。人間はみな肉体をもつ。肉体をもつことが心のある生活を送る条件である。心のある出来事には自然の部分とそうでない部分とがある。しかし、一個の全体としての心的出来事は、自然のものではない。一個の全体としての人間は精神というかたちをとる。しかし、精神は自然の資源を利用せずには存在できない。だからといって、自分に心があるためには自然の資源が必要であることを、誰もが知っているわけでないのは明らかだろう。ましてや、自分の生のなかで、自然の部分と精神に関わる部分をどう線引きすべきかを知る者など、目下のところひとりもいないことはもっと明らかだ。新実存主義の概念的観点からいえるのは、心的語彙に見られる時代や場所による変化の幅が自然の変化だけでは決まらないということだけである。

われわれの動物性が「「精神」の特徴的な表出」（本書一一一頁）だという考えも、これでしっくりくる。肉体をもつことが人間という自画像にどう取り込まれるかは、自然の事実ではなく、精神に関わる事実といえるからだ。広くいえば、精神とは人間的なものとそうでないものとを区別する能力である。とくに、この区別を具体的に説明するかたちで、精神は現実化される。そうした説明では、出産、生活、苦悩、健康、幸福、死といった実存的経験など、さまざまな経験が材料とされる。美学、宗教、科学、哲学などの分野で多彩に表現されるように、人間のありとあらゆる多様な経験が精神の表出なのだ。精神には必ず動物の部分がある。そうした部分について、人間がどれだけ気づいているかは関係ない。

人間を動物としてはとらえない人間観にしたがって生きる人間がいるかという問題で、ケルンは私と意見を異にしたわけだが、そうした相違を踏まえて、彼女は次のような問題を提起する。

ガブリエルによれば、これが示唆するのは、人間が動物の一種であるということが「科学的に立証された事実」であり、その事実は人間がたまたま知るにいたったものであるということだ。だとすれば、何かしらかの事情で、われわれ人間がこの事実を科学的に立証しなかったということもありえたわけだ。しかし、人間が動物の一種であるという事実をわれわれ人間がもし科学的に立証できなかったとすれば、自分の生を人間観にしたがって律する生き物は存在しなかったことになる。ということは、そもそも人間など存在しなかったことになる。(本書一一九頁)

そう言えるのは、私の新実存主義とは違って、ケルンのように、人間が基本的に自分を動物と見なしていると仮定した場合だけである。だが新実存主義は、そのような仮定が成り立たない場合があることも認める。ここで経験的事実が、新実存主義の立場に有利な材料を提供してくれる。われわれの知識獲得にかんする経験的事実がそうだ。自己意識の描写から、動物性の概念を排除した人間観のもとに生きる人びともいる。そうした人びとについての民族学的事実も有利な材料になる。さて、彼らの見方は間違っているといえるかもしれない(私は間違っていると思う)。にもかかわらず、彼らはたしかに人間である。彼らが抱える実存的問題のひとつは、自分についての思い違いが、彼らの存在の核心部分に影響しているという点である。なぜなら、虚妄にとらわれた人間という概念を、身をもって示しているからだ。人間は、動物的な部分も含め、自分自身の認識を誤ることがある。だから、「何かしらかの事情で、われわれ人間がこの事実を科学的に立証しなかったということもありえたわけだ」。

いまの話題と関連するが、われわれの動物的側面にはいろんな見方があるという事実も心に留めておくべきだろう。一連の現代的な見方は一八世紀から一九世紀にかけて登場したが、論者のあいだには、当時もいまも大きな意見の食い違いがある。マルクスとエンゲルス、ダーウィン、ニーチェの立場と、たとえば進化心理学、認知科学、精神分析、行動経済学といった現代の観点との違いもそうだ。動物的側面の問題については、生命科学者の意見に快くしたがいたい。概念が明晰だからではない。実際、生命科学の知見が精神にとってもつ意味を哲学的に解釈する段になると、彼らの明晰さは往々にして失われてしまう。精神のレベルでの動物的側面にかんして、堅固な科学的事実を受け入れるべきだと私が考えるのは、精神の動物的部分とそうでない部分とを隔てる不安定な境界線について教えてくれるからである。たとえば人間の行動が、意識の介在しない、行為者の責任を問えない生化学的な事象によってしばしば引き起こされることをわれわれは知っている。たしかに現段階の知識は、還元論的一般化を正当化するには程遠い(Gabriel 2017: ch. 5)。だが、人体についての知見のおかげで、自然のものとそうでないものとの概念上の境界線が再調整されることは珍しくないのだ。新たな境界線は、必ず承認しなければならないというものではない。精神のレベルで起きたこの種の概念的変化には、いろんな受け止め方がありうる。新たな知見がどう受け止められるかは予想もつかない。生まれてきた人間の性には二通りあって、男の身体と女の身体がとりうる形態は厳密に決まっている——これが生物学的事実として正しくないことをドイツの法制度が最終的に認めるまで、いかに長い年月を要したかを思い出そう。二〇一七年まで、ドイツで産まれたインターセックスの赤ちゃんには、たびたび手術のメスが入れられた。ある種の自然的事実が精神のレベルで認められなかったからだ。人種、ジェンダー、体形、健康、疾患などをめぐる問題は言うまでもない。社会と政治の現実や言説において、これらがどんな決着をみるかは見当もつかない。どれもアプリオリには解決できない問題ばかりだ。われわれは「堅固な科学的事実」を受け止めて、人間という自画像にそれを取り入れる道を探らなくてはならないのである。

現代の科学の発展に照らして境界線を再調整することは進歩への原動力となる。その力に抗おうとする者を、新実存主義は人間として誤っていると批判する。新実存主義とはモダンな立場なのだ。とはいえ、自分が間違いを犯す可能性も認める。現代科学が生んだ誤った説を、精神に大きな悪影響を与えるにもかかわらず取り入れてしまったとわかれば、誤りを取りのぞくのは当然だろう。私の考えでは、このことはニューロン中心主義にもいえる。これはある種のイデオロギーであり、よく知られるように、その思想は次のように表現される。いわく、われわれに自由意思はない。なんとなれば、われわれの動物としてのありようは、そのような異常な力をもつことと両立しないからだ（Gabriel 2017）。

ケルンは、もうひとつ巧妙な人間学的ジレンマを案出している。その論証は、私の見解の前提にあるものを彼女なりに再構成したもので、「人間が「動物種のひとつに属する」という事実は、自然的事実ではないし、ガブリエルのいう意味での概念に依存する事実でもない」（本書一二一頁）という結論を支えることを狙いとしている。寄せられたコメントの一二〇〜一二一頁をもとに、彼女の論証を再構成してみよう。

P_1　人間が「動物種のひとつに属する」という考え方は、たとえば科学が打ち立てたような、経験的根拠にもとづく人間の思想にはなりえない。

P_2　あらゆる心的活動は、人間と人間以外のものを区別する人間の能力の観点から定義される。

P_3　P_2が述べる事実を（経験によって？）立証することは、論理的に不可能であっただろう。[11]

P_4　P_2が述べる事実は概念に依存する。ということは、人間が自然の秩序のなかに場所を占める「動物種のひとつに属する」という事実は、それ自体として、自然の秩序の事実ではなく人間観に依存するものだ。

P_5　P_2が述べる事実が概念に依存することはありえない。なぜなら、人間が存在することは、概念に依存するとはどういうことかの説明で前提にされているからだ。

C　人間が「動物種のひとつに属する」という事実は、自然的事実ではないし、ガブリエルのいう意味での概念に依存する事実でもない。

この論証の前提は、人間についての私の説明から引き出したものとはとても言えない。再構成した論証には、承服できない細かな点がいくつもある。まず明らかにP_1は認められない。したがって唯一問うべきは、その他の前提のどれかひとつでも受け入れればCにコミットすることになるのか、という問題である。

次のように考えれば、P_2のあるバージョンなら受け入れてかまわないように思えなくもない。私の新実存主義は、二段階の人間学的前提から出発する。その前提とは、(一)心的語彙が、広い範囲にわたって歴史的・地理的に変化していること、そして(二)その変化が、不変の土台の共有を前提にしていることである。人間の心的活動に見られる不変の共通部分とは、われわれが生命をもたない自然に溶け込んでいるだけの存在ではないという事実をわかりやすく表現する能力をいう。われわれが知るかぎり、太古の昔には、おもに神話や宗教のかたちでそうした説明が行われていた。宇宙の自然現象の説明を狙ったものではないという意味で、それらの説明は経験的な説明ではない。

いまの話は、私が「ギャップ」と呼ぶものの私なりの解釈に依拠している。この解釈によれば、自然種と人間とがギャップによって分けへだてられるのは、人間が人間についての信念に照らして変わるからである。こうした考え方からは、人間が自然の秩序のなかに座を占める動物種のひとつに属するという結論は出てこない。繰り返しになるが、私は動物性と人間の関係を、必要条件とそれらが合わさってできる十分条件という観点からとらえている。われわれの動物性は一個の全体(つまり精神)の必要条件のひとつだが、この全体そのものは自然の条件には還元できない。動物性だけでは、人間であるための十分条件にはならない。ということはつまり、人間だけに特有の動物性などといったものはないということだ。たしかに動物としてのわれわれは、動物界のほかの仲間たちに溶け込んで生きている。われわれが人間としてそのことを受け入れるか受け入れないかは関係ない。しかし人間であるわれわれは、自然界に占める自分の座について虚妄に陥ることがある。自然界に占める座は、概念に依存する事実なのだ。

したがって、P_2が表す事実は概念に依存するものである。人間の心については、自然主義者と、反自然主義に立つ新実存主義者とで意見が食い違う。反自然主義に与する新実存主義者は、自然の条件に還元できる人間特有の心的出来事などありはしないと主張する。だが自然主義者は承服しない。自然主義者は自然種にかんして誤っているのではなく、いろんな虚妄に陥っているのだ、と新実存主義者は考える。自然主義が、宇宙にかんする経験的テーゼや形而上学的テーゼではなく、イデオロギーと見なされるのもそれが理由である。自然主義はただ誤りなのではない。自己欺瞞という病なのだ。

ケルンの論証の細部も、前提の一部やその動機が私のものではないことも、さしあたり脇において、ここで結論をどう考えるか明確にしておくのがいいだろう。人間が「動物種のひとつに属する」という事実は自然の事実なのだろうか、それとも私のいう意味で概念に依存する事実なのだろうか。いまの私にもっとしっくりくる言い方で問うならばこうだ――われわれが動物種のひとつであるという事実は、自分を人間としてとらえる自己了解にどう組み込まれるのか。人間が存在するにいたった自然の条件を、進化生物学の観点から説明できることは明らかだろう。われわれには一定の生物学的資質が備わっている。知覚にもとづいて宇宙にかんする知識を手にするには、そうした資質が不可欠である。われわれの身体には資源選択関数が実装されており、そのプログラムは生物学のコードで書かれている。単刀直入にいえば、私は、自分たちの(さらには他の生物の)動物性を手放しで認める自然主義者である。生命科学や医学的知識の対象になるかぎりで、ヒトという動物は数々の自然種の複雑な配列であり、因果の網と見なせるのだ。[12]

しかし同時に、もうひとつべつの理解の次元がある。われわれの身体が姿を見せる次元、人間という意味の場の次元である。私の立場の背景にある存在論——意味の場の存在論——が登場するのもその次元だ。存在するのはこの宇宙(さらにいえば、自然界)だけではない。宇宙と重なり合うようにして、人間の意味の場がある。そして、精神の具体化としての知識をぬきに、自然科学の視点から見ただけではとらえられない痕跡を、われわれは宇宙にしるしている。「宇宙」と「精神」という言葉がそれぞれ指し示す意味の場の重なりでは、上下の階層的な関係ではなく、偶然にしたがって協働するさまざまな条件の混在があるのだ。

お気に入りのサイクリングの例を使おう。たとえばコーブレンツに行くために自転車に乗るとする。このとき宇宙で起きている出来事を、われわれは目にすることができる。タイヤの空気圧、重力、ニューロンの電荷、網膜に映る光のパターン、宇宙で働くその他の力、現代物理学の知識が及ばないスケールの世界で進行する事象がそこには含まれるだろう。だが、この状況で自然種の配列にかんする事実をいくらかき集めてみても、私が自転車でコーブレンツに向かうときに起きていることは完全には記述できない。ひとつには、コーブレンツという街が、法律概念や歴史、隣接する町とのあいまいな境界線、人びとがライン川に馳せるロマンチックな思いなどと切り離せないからだ。コーブレンツに行きたいという私の思いは、ライン渓谷に抱く私の気持ちとも関係がある。そこは私が育った場所なのだ。いまの私にそなわっている自転車に乗る能力や、土手沿いを走るコーブレンツへの道についての知識も無視できない。宇宙についての知識だけでは、私が自転車でコーブレンツに向かっていることを知るのは原理的に不可能なのだ。新実存主義が自然主義に与しない理由もそこにある。

こうした反自然主義の中心には、ある種の不可欠性テーゼがある。人間にかんするわれわれの非自然主義的知識は、宇宙の仕組みを研究するのに欠かせない出発点である、というテーゼである(Gabriel 2017)。存在するものを見つめるわれわれの視野から、人間を消し去ることはできない。ただしこのテーゼそのものから、人間に関わる形而上学的帰結を導けないことは明らかだろう。宇宙とは人間を含むことのない対象領域なのだから。われわれが宇宙にきざむ痕跡は、人間の観点からしか見ることができない、ほかの視点からは見えないものなのだ。

ケルンへの答えの締めくくりとして、彼女が導入したアリストテレス主義について少し考えてみよう。まず、私は同一性主張を認めない。そのことは、第1章と、ここまでの答えから明らかだろう。人間はある動物種以外のなにものでもないというのは正しくない。ケルンは同一性主張をこう表現している。

このような能力のとらえ方は、多くの人びとが共有している人間についての考え方を否定するものだ。つまり、動物であるということに加えて、さらに何らかの力――知性、すなわちみずからを概念的にとらえる力――をもった動物として人間が説明できるという考え方が否定されるわけである。ガブリエルの場合も、こうした考え方が根本にあると思う。

（本書一二三頁）

そのような足し算によるとらえ方は、一般論としてどこがまずいと言えるのか、あいにく彼女は説明していない。また、新実存主義とアリストテレス主義が大きく食い違いそうな点も判然としない。というのも、解釈によっては、新実存主義者はとどのつまりアリストテレス主義者だといえるからである。つまりこういうことだ。もし、動物の部分と精神の部分からなる全体を「人間的な生命形相」と呼ぶならば、どちらの陣営もケルンの次の見解に賛成できるだろう。

人間の生は動物的生ではない。人間の生は、理性的であるという点で動物的生と異なる。

また、動物的生を植物的生に何らかの能力が加わったものと考えることが間違っているように、理性的生を、動物的生に何らかの能力が加わったものと考えることもやはり誤りといえる。(本書一二七頁)

しかし、ケルンのいう「人間の生」が私のいう自然種であることを彼女が示さないかぎり、反自然主義に立つ新実存主義者には、とくに不都合はない。というのも彼女は、新実存主義に立脚しながら自然主義の立場を擁護する一歩手前にいるからだ。それは、新実存主義者が反自然主義を名乗ることが必ずしも正当ではないということでもある。

一般に、いわゆる「心身問題」について私が採りたい立場とは、心と身体がふつう考えられているようなかたち(何らかの同一性、実体二元論、随伴、基礎づけなど)では関連していないというものである。私が提案する両者の関係のモデルは「条件主義」と呼べる。ある事象が、人間概念に照らして人間がみずからを把握する能力を行使したものと見なせるならば、そこには必ず心的条件と非心的条件とが関与している――というのが条件主義である。人間の生の一部である非心的な、自然のプロセスとは、独立した層をなすものではなく、ある意味の場の要素、自然種にかんする自然科学的な知識を獲得するさいに利用される意味の場の要素なのだ。

したがって、われわれの生にある精神の側面は、非心的な実在に付け足されたものではない。精神の側面は、それ自体として一種の実在であり、非心的実在の要素(ただし、非心的実在のすべてではない)はそうした側面の一部をなしているのである。精神は一個の全体であり、人間の場合、その全体に身体が部分として含まれるのだ。

まとめよう。ケルンによれば、私の立場は、

ジレンマにたやすく陥ってしまう。すなわち、人間がみずからを人間として意識できるのは、人間が少なくとも動物の一種であることを否定するときにかぎられるというジレンマだ。言い方を変えれば、人間が自分を動物の一種と見なすならば、そう考えるその人は自分が人間であることを決して知りえないわけである。(本書一二九頁)

だが、ケルンのこの主張は納得のいくものではない。個体としての人間は自分を動物の一種と見なせない、というのは正しくない。もし私が自分を動物の一種だと考えるとすれば、私は自分の身体が、さまざまな自然種の配列——自然科学によってもっともうまく理解できる配列——で構成されていると考えるだろう。人間の生命形相についてめぐらされた書斎での思索は、

動物にかんする生物学の知見には及ばない。私がこれまで述べてきたことは、人間がたんなる動物の一種ではなく、精神の具体的な事例であるということだ。ここで「精神」は、自然種を拾い上げる言葉ではなく、自然科学では完全には研究できないひとつの全体を意味するのである。

自分を動物の一種と考える人がいたとして、その人は「自分が人間であることを決して知りえない」というのも正しくない。これまで述べてきたことは、近代の自然科学で明らかになった「動物性」という意味で、自分をたんなる動物の一種だと考える人は、実存のレベルで誤っているということである。それは自然種にかんする誤りではなく、自分自身についての誤りだ。自然種を拾い上げるための語彙で自分を考えているからである。この誤りこそ、さまざまな度合いの自己欺瞞が生まれる源なのだ。

もっとも、ケルンの思い描くアリストテレス主義者が自分を動物と見なすとは思わない。その動物が、完全に生化学的、オートポイエーシス的、創発的全体という意味であれ、現代生物学の趣旨を存分に酌んで、生命概念を正しくとらえてのことであれ[13]。アリストテレス主義者は人間の生という概念を導入するが、むしろこの概念では、人間がどうして動物でありうるかが理解しにくくなってしまう。最終的には、反自然主義者とアリストテレス主義者は人間の動物性にかんして同じ見方に到達するのかもしれない。ただしそれは、「堅固な科学的事実」の説明で私が前提した意味論的枠組みのなかで、「動物性」の意味がいったん確定すればということだが。われわれの動物性については現代の生命科学が最良の研究であるという考えと、人間の生というケルンの概念は、両立しないように思える。われわれが一種の動物であるという事実(なるもの)によって人間性をとらえなくても、人間は自分について考えられる──結局は彼女もまたこのことに同意してくれるかもしれない。それこそがアリストテレス主義という看板でケルンが掲げるものなのだから。

原注

序論

1　序論の初期のバージョンに鋭く適切なコメントを寄せてくれたジャン＝フィリップ・マルソーとユゴー・トランブレに感謝する。ジャン＝フィリップには丁寧な編集作業でも助けてもらった。本書の話題をめぐり長年にわたって刺激的な議論をかわしたマルクス・ガブリエル、チャールズ・テイラー、ドミニク・クリシュにもお世話になった。マルクス・ガブリエルの論考は、二〇一七年一月にラヴァル大学で開催された「講座・現実世界の哲学」国際会議の開会講演ではじめて発表された。

2　Taylor (1964) を見よ。Taylor (1985a) 所収の「自己解釈する動物」および「ヘーゲルの精神哲学」、Taylor (1985b) 所収の「解釈と人間の科学」も参照のこと。

3　Benoist (2001) を見よ。

4　Chalmers (1996).

5　ガブリエルは「文化進化」の概念には懐疑的だが、これに説得力をもたせる方法はいくつもある。Lewens (2015) を見よ。

6　Searle (2010). 面白いことに、厳密に物理主義的な心の説明で締め出されたものを説明しようとする段になると、ガブリエルの議論の焦点は心から行為へと移っていく。しかし、たとえば「歴史のなかの行為主体であるわれわれが知る人間の行為は、つねに、制度がつかさどる非自然的文脈に組み入れられている」(本書六七頁)ことは、同一説論者でさえ否定せねばならないといえるのか、明らかではない。

7 Robinson (2017).

8 Clark and Chalmers (1998).

9 Varela, Thompson, Rosch (2016[1991]). Noë (2009). 一九九一年にエヴァン・トンプソンは、フランシスコ・J・ヴァレラ、エレノア・ロッシュとともに画期的な本を世に送り出したが、同書の改訂版に寄せた新しい序文で彼はこう記している。「いわゆる「心」は、脳や、身体のその他の部分や、物理的・社会的環境からなる複雑なシステムの内部で生じる、絶えず変化する創発的プロセスの集合体である。制御の役割を担う単一不変の自己は、そこには見当たらない。認知科学が示しているのはこのことだ」(p. xx)。ガブリエルが、多くの「エナクティヴィズム論者」の支持する反実在論的な存在論にどう異議を唱えようとしているかは、簡単にわかる(異議を唱えること自体は正しいと思う)。しかし、提示された心の理論はほぼ一致しているように見える。

第1章

1 本稿の初期のバージョンは、マインツ(ローベルト・ニッチュの神経科学研究グループ)、ニュー・スクール・フォー・ソーシャル・リサーチ、ユトレヒト大学、パリ第一パンテオン・ソルボンヌ大学、さらにケベックのラヴァル大学で開かれた「講座・現実世界の哲学」国際会議で発表された。コメントや議論で啓発してくれた主催者と聴衆の方々、なかでもジョスラン・ブノワ、ポール・コットマン、ジョスラン・マクリュール、ローベルト・ニッチュ、ヘルマン・フィリプセに感謝する。「認識論と近現代の哲学」講座の仲間たち(ジェイムズ・バホー、マリン・ガイアー、イェンス・ピーア、イェンス・ローメチュ)にもお礼を言いたい。彼らは草稿を読み、ここで述べた考えの多くを細かく議論し、原稿を整理してくれた。もとの論文をさらに整備補充し、討論の書という体裁での出版を提案してくれたジョスラン・マクリュール。この間、私を支え続けてくれた出版社ポリティーのジョン・トンプソン。本当にありがとう。

2　この定式化自体がすでに多くの問題を生んでいる。そもそも個体が導入されるとはどういうことだろうか。人間の言語の歴史における最初の指示・言及によって個体が導入されると考えるなら、あまりにも多くの対象をフィクション、つまり現実に存在しないと見なさねばならないだろう。未来の天文学者が自分の理論を小説のかたちで表現し、新たに発見されたどの天体も最初は小説で導入されたと想像してみよう。あるいは、現実に存在することが明らかな多くの対象(水や天体などの自然種もそうだ)が(神話などの)フィクションで最初に導入されたという事実を思い浮かべてもいい。

3　たとえば **Azzouni** (2010: 14)を見よ。

われわれは(集団として)、何が存在するかを判断するある基準に同意していると言いたい。あるものが心や言語から独立しているとき、そしてそのときにかぎって、それは存在しているという基準である。夢のなかの人物、作家が作り出した架空のキャラクター、幻覚で見た対象はみな、その意味では心や言語に従属している。恐竜、陽子、微生物、他人、椅子、建物、星などは、心や言語から独立している(とされる)ものの例である。……私が「心から独立している」とか「言語から独立している」という場合、そうした対象を(たんに)考えたり記号化したりするだけでは、存在するようにはならないという意味である。

4 私の意見は違う。存在について、くわしくはGabriel(2015a)を見よ。

ヒュー・プライス(Price 2011: 187)の言葉を紹介する。

実在がつまるところ自然的実在に尽きるとしたら、道徳的事実や数学的事実、意味の事実などはどう「位置づけ」るべきだろうか。この種の話題は、こうした自然主義の枠組みのどこに場所を見つけてやればいいのだろうか。このような場合、われわれはどちらかの選択を迫られているようだ。容れ物としてはなにやら不格好なカテゴリーにそれを無理やり押し込むか、たかだか二流——まっとうな事実や知識の分野ではない——と見なすか、という選択である。

5 この見解への手引として、Gabriel(2015b)を見よ。

6 ちなみに、「分析系」の哲学や「大陸系」の哲学などというものがあるという見方を、私は決して認めない。Gabriel(2015a: xii-xiii)を見よ。

7 『哲学原理』第一巻五一節(AT VIII 24)の「実体」の意味について述べた有名な一節を見よ。そこでデカルトは、厳密にはただひとつの実体しかないと主張している。

8 Gabriel(2017)も参照のこと。

9 Tetens(2015)を見よ。彼はこう論じている。結局のところ自然主義は、万物についての強い形而上学的主張か、または不完全なものにとどまらざるをえないかのどちらかだ。あとの場合、存在者についてのより完全な説明が登場して、非自然的な対象が認められる可能性は決して消えない。だが、自然主義が強い形而上学的主張だとしても、自然科学の知見と自然主義のあいだには概念ギャップがある。つまり、どんなに自然科学が進歩しても、自然主義の正しさを人に納得させることはできないのだ。Chakravartty (2017) の、科学と形而上学の関係についての説明も見よ。

10　この路線にもとづく慎重な提案については、Hofweber (2016) を見よ。ホフウェーバーは力強くこう論じている。「存在するのは時空間のなかの対象だけである、言い換えれば、存在するのは具体的なものだけであるという見解」(2016: 289) を野放図な唯名論と呼ぶとすれば、この野放図な唯名論に行き着くことは決してない、と。彼が真っ先にあげる理由はこうだ。「〝この名辞が抽象的対象を指示しないのなら、そもそも抽象的対象なんてものは存在しないのだ〟――そんなことが言える名辞などわれわれの言語にはない」(ibid.: 290)。

11　ガリレオとニュートンのドイツ語版の訳者エト・デリアンは、私宛の手紙で、この二人の科学者を現代の自然主義の先駆と見なすことは途方もない誤りだと指摘している。彼はガリレオとニュートンの著作から非還元論的な自然の哲学を読み取っている。それを説明し擁護する議論が Dellian (2007) にある。しかし、ここで新たな懸念が浮かんでくる。この種の自然の哲学に意識はあまりにも簡単に組み入れられるので、結局のところ、本書で述べた新実存主義と両立しない自然主義とは、別種の自然主義のことではないのか――。かりに意識が宇宙という構造物に組み込まれていると考えるなら、意識はやはり「すぐそこ」にあるものと見なされていることになる。だがそうした見方は、新実存主義が概念的な理由からおおいに問題ありと考えるものだ。

12　最近デネットは、そうしたギャップを解消するために、その由来を問うている。「そのギャップはダイナミックに想像力を歪ませるもので、しかるべき理由があって生じたものだと考えて見れば、安全にそれを乗り越える方法――つまりギャップを解消するということだが――もわかるだろう」(Dennett 2017: 21)。

だが、ギャップの系譜とは科学的世界観の系譜でもあることをデネットは忘れている。そこにギャップがあるという印象が生じたのも、デネットのようにそれを埋めたり、消し去ったりする試みが生まれたのも、この世界観のおかげなのだ。そこに含まれる系譜の厄介な事情については、Blumenberg (1985) と Taylor (2007) にもっとバランスのとれた説明がある。Gabriel and Žižek (2009) も参照のこと。

13 ヒュー・プライス (Price 2011: 187, 199) は「客体自然主義」と「主体自然主義」とを区別する。彼によれば、何が存在するかについて知る場合、そこには「われわれの側の寄与」が「決してゼロにならない」(ibid.: 30) という主体自然主義的事実があるが、形而上学的主張という意味での客体自然主義はそれを見落としたせいで失敗している。「科学は、われわれが言葉を使ってするゲームのひとつにすぎない。それぞれのゲームで、疑いもなく、固有の存在論に特権が与えられるが、そうした特権はたんに当の分野にとってはそれが重要だというだけの話である。科学はあくまでも「それ自身の観点に照らして」特権的な身分が与えられているのであり、そこを勘違いして、科学は存在論のうえで絶対的なプライオリティをもつと考えるのは、科学を形而上学や第一哲学と取り違えるのに等しい」(ibid.: 31)。ただし私には、プライスがなぜ自分の立場を「主体自然主義」と呼ぶのかわからない。言語使用にかんする彼の説明も、「形而上学的に重要な全称量化子はない」という主張も、いったいどういう意味で「自然主義的」なのだろうか。

14 Gabriel (2017) を見よ。

15 ここで、人間の心の「自然主義」とは対照的なのが、人間の心の「超自然主義」である。心を表す言葉の一部、またはすべては、脳がまったく存在しなくても、将来この宇宙から脳がすっかり消え去るときがきても、変わらずあり続ける実在を指す、というのが超自然主義である。

16 McGinn (1993, 1999) では、新神秘主義がさらにくわしく論じられている。Pinker (1997) も見よ。心の構造上の理由から、人間の概念的思考の能力には固有の限界があるとノーム・チョムスキー(Chomsky 1975, 1988)は述べたが、二人ともこの主張を利用している。言語の表象には固有の限界があるため、人間には概念による把握が原理的にすらできない、名状しがたい事実があるかもしれない――こうした基本前提を踏まえて、Hofweber(2016: Ch. 10)の概念的観念論も参照のこと。

17 意外なことに、デネットは「神の目による宇宙観」(Dennett 1984: 101)をはっきりと利用している。彼の決定論(これと宿命論とを彼はうまく区別している)にかんする両立主義的説明は、「永遠の相のもとに」(ibid.: 124)という見地と、永遠の一瞥であらゆる現実(世界がたどる現実の軌跡[ibid.: 126])を俯瞰する可能性にもとづく思考実験に立脚している。しかし、すでに論じたように(Gabriel 2015a, 2015b)、そのような意味の現実なるものはない。これは、われわれが形而上学的に無知であるという認識論上の事実であるだけではない。現実として成り立ちうるものに課された制約という存在論的事実でもある。

18 存在神論を好む有神論者、古典的形而上学者なら、文字通りの意味での視点ではないと断ったうえで、神の視点を考えることは可能だというかもしれない。こうした見方に好意的なかぎりで、全体として古典的形而上学の伝統は、神の視点(時間にとらわれず、われわれの時空間の外にいて、全知であり、等々とされる)にきわめて特別な観察者の身分を認めてきたといえる。もちろん、こうした路線は形而上学的自然主義者の採りうるところではない。

19 この意味での「メタ物理主義」は、アグスティン・ラーヨ(Rayo 2013: 5–12)のいう「メタフィジカリズム」に似ている。ラーヨのメタフィジカリストのように、メタ物理主義者もまた、指示の真のターゲットとなる形而上学的な特権的構造があると信じる。しかし、ラーヨのメタフィジカリストとは違い、メタ物理主義者は物理学に根拠を求める。彼らには、真理と指示と実在の関係をめぐる書斎での思索だけが根拠なのではない。しかし、概念的な問題を未来の物理学に委ねるという戦略は、メタフィジカリズム同様ほめられたものでないことは確かである。

20 「真の意味で本質的にラベルだといえる」概念については、Levine (2004: 165)を見よ。

21 同一性言明とされるこの例について、さらに掘り下げ、歴史にも十分目配りした研究として、Chang (2012)を見よ。もうひとつ、同一性言明の例として標準的に使われるのは温度と分子の平均運動エネルギーだが(ただし、こちらも例としてはふさわしくない)、これに代わる有力な例については、Bishop and Atmanspacher (2011)を参照のこと。後者の論文には、「文脈的な創発」という見出しで、物質的宇宙の因果的閉包性という物理主義的な概念への代案も含まれている。しかし、本文で明らかになるように、私の見るかぎり、この説明はやはり自然主義的である。それが認める領域はどれも、経験的研究の包括的領域内に属していると見なされるからだ。

22 もちろんJackson (1986)を参照。

23 二次元意味論の発展と、身近な問題への応用を概観したものとして、Chalmers (2006a, 2006b, 2009)がある。Jackson (1998)も参照。この意味論の分野には、ほかの系統の考え方や先行研究もある。テクニカルな詳細は、ここでは重要ではないだろう。

24 Shear (1997)の議論を見よ。

25 Chalmers (1996: 276–357). 意味のふたつの次元に横たわる意味論的ギャップを橋渡しするために、量子力学に立ち返るという戦略を採ると、不明瞭なものをもっと不明瞭なもので説明することになってしまいそうだ。そのことにはチャーマーズも気づいている。本の最後でこう認めているからだ。「量子力学の解釈はみな、大なり小なり正気の沙汰ではない」(ibid.: 356)。

26 ディーター・ヘンリヒ(Henrich 2007: 47)は、これまで隠れていた物質的力の網のなかに心を位置づけることで位置づけ問題を解決しようとしているが、その文脈で、このアイデアの弱点を簡潔に要約している。

主観的なものの基礎には、物質から最終的に構成されたものと決して区別できない何かがなければならない——こう結論することは理に反しているとはいえない。だがこれは、物質的過程の科学研究の領分を一歩踏み越えた結論だ。これは証明ではない。立証可能な説明になりえないことがわかっている観点を素描し、それを受容しているのである。

27 ナーゲルは次のように述べている。

自然の秩序の根底には合理的理解可能性があるという見方を採る私は、広い意味で観念論者といえる。ただし、主観的観念論者ではない。なぜならこの見方は、つまるところ実在とは意識への現われ以上のものではないという主張に結びつかないからである。そうではなくて、私は客観的観念論者、プラトンの伝統に、あるいはひょっとしたらシェリングやヘーゲルといった(ふつう絶対的観念論者と呼ばれる)カント以後の哲学者の伝統に連なる客観的観念論者だということだ。この種の観念論は、どの理論科学者も抱いているのではないだろうか。純粋な経験論では不十分だと。世界が理解できることとは偶然ではない。この見方によれば、心は自然の秩序と二重に関連している。自然は、心をもつ意識的な存在を生み出すものであることがひとつ。そしてもうひとつは、そうした存在にとって自然は理解できるものであるということだ。したがって、究極的には、そうした存在は自分自身が理解可能なはずである。そして、こうしたことは宇宙の基本的な特徴であり、心に言及しない言葉で真の説明が与えられる、事物の偶然の展開がもたらした副産物ではないのだ。(Nagel 2012: 17)

28 この観念論の概念については、Gabriel (2016a) を見よ。最近ホフウェーバーは、彼のいう「概念的観念論」と、それに関連する、実在の名状しがたい特徴の否定論とを組み合わせている。この観点を擁護したものとして、Hofweber (2016: 248–73) を見よ。

29 Nagel (2012) を見よ。たとえば一二四頁と一〇六頁。

30 最近、Görnitz and Görnitz (2016) は、量子論が結局のところ形而上学的に至極まともであり、それこそがネーゲルの思い描く未来の科学であると主張している。彼らは、情報の形而上学をきちんと展開すれば、意味論的ギャップは容易に橋渡しできると説く。しかし、こうした見方の代償として、物質とエネルギーの領域は、心的なものに酷似した構造物へと解消されかねない。言い換えれば、彼らには、あらゆるものを包摂する情報領域——そこには、心も物質も情報がとりうる一形態として含まれる——を措定して、位置づけ問題を解決しようとするきらいがあるのだ。彼らの見解は、現実の物理学にもとづきながらも、シェリングの客観的観念論の最新版に薄気味悪いほど似ている。

31 翻訳の問題については、Gabriel (2017: 1–4) でさらにくわしく論じておいた。

32 Dennett (1992) を見よ。同様の考え方については、Gabriel (2017: 166–9) を見よ。違いは、私が物語の重心をフロイトの考え方と結びつけていることだ。理由をあげたり要求したりというゲームには、他者に対する感情的スタンスを正当化する役割がある、というのがその考え方である。これによって、Ricœur

(1992)以来おなじみの、物語論による人格の同一性の説明がはらむ罠を避けるのだ。

33　デネットは、ロック講義で、二元論を「(脳とは違って)心は物理の自然法則が当てはまらない素材でできているという考え」と定義した。そして、問答無用とばかりに「いまの不人気ぶりが当然といえば当然のやけっぱちの視点」と揶揄してみせた(Dennett 1984: 28)。だが、真正の二元論者のいったい誰が、心は何かの素材でできているなどと言っただろうか。かりにプラトンやデカルトが、心的実体は非物質的素材でできていると思っていたとしても(実際には、そんなふうには思っていなかった)、なぜこの新たな素材に「物理の自然法則が当てはまらない」と付け加えたのだろうか。デネットによる二元論の否定は、彼の言葉でいえば、ごく素朴な直観ポンプの手続きに騙されてしまっているのだ。彼の反二元論の直観ポンプは、明らかに滑稽な藁人形を相手にしているところが大きな弱点だ。デネットの主張が論証ではなく直観ポンプを後ろ盾にしていることは、彼が提示した二元論のふたつの定義に大きな概念的隔たりがあることを見ればすぐわかる。はたして、実際に意味があるのはどっちの主張だろうか。二種類の要素など存在しないという主張だろうか。それとも、物理の自然法則が当てはまらない素材要素など存在しないという主張だろうか。デネットは二元論をこれ以上ないほど単純化して、「これは避けねばならない」ともっともらしく語って聞かせる。正々堂々と、「真正の二元論者が言っていることは自分の二元論とはかけ離れている」と断らずに。彼自身の言葉で彼を批判するなら、「これは、単純さばかりが先に立つ、直観ポンプの明らかな誤用例である」(ibid.: 32)。こうした傾向はほかにも見られる。デネットによれば、デカルトは、心を「分割不可能で、みずからにみずからの意思を完璧に伝達する一個の全体」(ibid.: 40)と見ることにとらわれていた。何でもかんでもデカルトの意見にしてしまう人がいるが、その例に漏れず、デネットも典拠をあげずにこう主張するのだ。しかし、出典が見つかることはたぶんない。デネットのいう「二元論」も「素朴な完全主義」も、デカルトの考えではなかったからだ。

34 「脳」も同じように問題をはらんだ言葉だが、これもくわしくは立ち入らない。ただし一点だけ触れておく。厳密な意味で「脳」と呼ばれる単一の器官はない。「神経系」としてくくられるシステム群が実際にどう連携しているかは、まだわかっていない。システム群全体の働きはあまりに複雑すぎて、現在の科学では「脳」についてきちんとしたことは言えないからだ。それに加えて、神経系の個体差や通時的可塑性も問題を難しいものにしている。「ヒトの脳」という観念は、いまのところ、研究を統制する理念型や理念的構造物でしかなく、実在する対象として目の前にあるようなものではない。このことを指摘してくれたのはローベルト・ニッチュだ。彼は、心の哲学の主流に見られる心脳問題の議論について、そのかなりの部分が実際の神経科学でなく空想にもとづいていることをくわしく教えてくれた。この問題にかんする彼の哲学的見解は Nitsch (2012) にある。

35 Scruton (2017) も参照のこと。この最近の論文でロジャー・スクルートンは、カント、フィヒテ、ヘーゲルに見られる行為の説明への基本的アプローチを擁護している。

36 私の新実存主義では、最大の存在論的あるいは認識論的枠組みといったものは否定される。Gabriel (2015a, 2015b) を見よ。

37 くわしくは Gabriel (2017: 98–9) を見よ。

38 これについては Gabriel (2014) でくわしく論じておいた。同書の英訳はポリティーから出版の予定である〔Markus Gabriel, *The Limits of Epistemology*, Polity, 2020〕。

第4章

1　たとえば、Hegel(1988)の初期論考でのカント批判を見よ。
2　Kant(1902–), AA3, B404.
3　Ibid., AA3, B72.
4　Hegel(1976: Ch. 5)を見よ。
5　これは、すべての生命形相に共通する性質がないという意味ではない。そうした性質は明らかに存在する。経験的事実の例をあげれば、DNA分子は、植物も動物も含め、地球上のあらゆる生命の繁殖で決定的な役割を担っている。しかし、DNAのこの役割が認識できるのは、ひとえに、われわれがある原理を通してその働きを理解しているからである。つまり、DNAの働きを、一定の生命形相を構成する活動のなかに位置づける原理だ。動物と植物でこの原理が異なるかたちをとるからといって、同じ種類の分子を利用できないということではない。動物的生の繁殖では機能するが、感覚意識——具体的には欲求——を特徴とする生命維持活動では機能しないなどと言えるようなものはないのだ。これは繁殖活動とそれに関わる器官(DNAは広い意味で繁殖を担う器官である)だけでなく、消化や知覚にも当てはまる。この点はもっとくわしい説明がいるところだ(たとえばKern and Kietzmann(2017)所収の論文を参照のこと。同書には拙稿「カントにおける自己意識をともなう知覚と人間の発達の理念について」も収められている)。ここでは、形相によって異なる生命原理についての、アリストテレス流の説明を展開するのが目的ではない。そうした説明の存在に注意をうながすこと。そして、上述のガブリエルが陥ったジレンマをその説明が免れていること。この二点を指摘するのが目的である。
6　アリストテレス流の立場は、「知識」や「記憶」といった心的概念が人間以外の動物にも適用できることを認める。いわゆる動物の心について考察しても、アリストテレスの見解を論駁することにはならない。

この見解によれば、動物的生に適用される場合と、人間の生に適用される場合とで、心的概念の意味は異なる。にもかかわらず、それらの概念は一般性をもっている。そのことは、アリストテレスの、さまざまな形態の生命原理からなる系列によって説明される。

第5章

1　Tononi and Koch(2015)を見よ。二〇一八年一月、チリ政府主催の「未来会議」の期間中、これらの問題についてジュリオ・トノーニと集中的に議論することができた。彼にありがとうと言いたい。さいわいにもチリ上院議員ギード・ヒラルディと彼のチームの配慮のおかげで、ジュリオと私は(アンタルクティカとパタゴニアなど)チリの旅を楽しみながら、意識と心について意見を交わす機会に恵まれた。心脳問題で主題となる脳についての私の理解は、二人の科学者に負っている。私の所属するボン大学の優れたコンピュータ科学者アルミン・クレーマースと、ミュンスター大学付属病院医学部長の神経科学者ローベルト・ニッチュだ。頭蓋のなかにひとつのまとまった器官があって、それは「脳」と呼べると思ってかまわないと私はこれまで考えてきたが、それが錯覚であることを彼らは教えてくれた。

2　最近の論文として、Ellis(2016)を見よ。アインシュタイン、シュレーディンガー、ハイゼンベルクらの哲学的見解と著作を概観したものとして、Scheibe(2012)が参考になる。

3　くわしくはGabriel(2017)を参照のこと。

4　私の新実存主義の枠組みで自由の概念がどういう位置を占めるかについては、同書第V章を見よ。

5　近代の幕開けよりこの方、具体的にいえばフランス革命以降、人間性を信奉する思想家たちには、人類がひとつになるという夢があった。社会と政治の歴史の歩みが、自己構成の能力という最高の形式的規範のもとで、全人類の統合に向かっていることを願ったのだ。しかし、人間性のこの形式的な構造は、制度のかたちでは(まだ)実現していない。人間の自己構成のプロセスからは、社会と政治にかんする積極的な内容を引き出すことができるだろう。だが、この話題は本書の趣旨と大きくかけ離れてしまう。

6　この定式化はチャールズ・トラヴィスのフレーゲにかんする著書の草稿からとったものだ。二〇一七年の夏学期にボン大学国際哲学センターの共同セミナーでこの草稿は発表され、議論された。

7　そうした話の例として Assmann (2009, 1998) を見よ。

8　規範にしたがうことは、それが(推論のパターンのような)合理的規範であっても、主体の側で意識しているとはかぎらない。Burge (2013: 166ff.) を見よ。したがって、規範性が見られるからといって、そこに心があると考えていいわけではない。とはいえ、たとえば自分の心についての真理を意識的に目指すといった、具体的な規範性のかたちをもとにして、ブノワが期待するような役割を規範と自然の区分に負わせることは確かにできるだろう。さてここで、心的なものがはらむ、そうした具体的な規範性について、しかるべきくわしい説明が与えられていると仮定しよう。しかしそうした場合でも、一部の規範が私のいう意味での自然種であることに変わりはない。規範性は、自然や物理的なものから心的なものを区別できるほどの目印にはならないのだ。

9　自己の物語論を擁護した最近の議論として、Hutter (2017) を見よ。

10　虚構の対象にかんする私の存在論は、この側面を Kablitz (2012) に負っている。くわしくは Gabriel (2016b) を参照のこと。

11　ケルンがいう「この事実」(本書一二〇頁)をこのように解釈した。

12　非還元論の視点から、意識と相関する因果の網を分析した興味深い仕事として、Tononi and Koch

(2015)がある。

13　自然科学における生命の非機械論的説明について、その最新の展開を概観したものとしてCapra and Luisi (2017)がある。

訳注

（1）心的現象の性質、行動や脳との関係を研究する哲学の一分野。
（2）自然科学の成果に基づいて哲学と科学の連続性を主張する立場。
（3）規約による分類にはよらない、自然のなかに実在するとされる事物のカテゴリー。なお、第5章に登場する「自然をそのつなぎ目に沿って切り分ける」という表現は、自然種による分類を意味するとされるプラトンの『パイドロス』の一節に由来する。
（4）人や動物や人工物を、「信念」と「欲求」を「考慮」して行為を選択する合理的行為主体であるかのようにみなして、その振る舞いを解釈する戦略。
（5）心的現象が物理的現象によってひき起こされるが、それ自体は何もひき起こさないとき、前者は後者に随伴するという。
（6）同じ対象について、集団が信念や意図や欲求などを共有すること。
（7）ひとつの実体に対して、心的な性質と物理的な性質を認める立場。
（8）複雑な組織では、物理的性質の総和にとどまらない性質が現れるという見方。
（9）科学的認識に先立って、直接的に経験される自明性の世界。
（10）心的内容は、脳内の出来事だけでなく外界の要因によっても決まるという立場。
（11）意識がある、神経質である、警戒している、知性がある等の、心をもつ主体が自己を表現するのに用いる語彙。
(12) 心的なものも含め、存在するあらゆるものは物理的であるという物理主義への批判として、フランク・ジャクソンが考案した論法。
(13) 一個人の一時期における発話の総体。
(14) 唯物論の立場から、素朴心理学が想定する心的状態の存在を部分的に否定する説。
(15) 信念、欲求、意図、期待などによって人間の行動を説明する日常的な解釈の枠組み。
(16) 認知を身体的行為と環境の相互作用から考える立場。
(17) 言語的記号のもつ普遍的側面(タイプ)に対して、その具体的な現われをトークンという。
(18) 生命現象の根底には特別な原理や力が働いているという説。
(19) 各時空点で起きるあらゆる出来事のたんなる集まり。
(20) 美的段階・倫理的段階・宗教的段階。
(21) 物理的性質によっては心的性質が説明困難であること。

訳者あとがき

本書はMarkus Gabriel, *Neo-Existentialism*. Polity, 2018の全訳である。ガブリエルの著作のいくつかはすでに日本語で読むことができるが、そのなかでは『「私」は脳ではない』(姫田多佳子訳、講談社、二〇一九年)が本書と部分的に重なる話題を扱っている。しかし同書が、比較的一般向けに書かれた、いわゆる「心の哲学」の枠を超えた幅広い話題を扱ったものであるのに対して、本書では、「精神」という概念を軸に、この分野での主要問題への踏み込んだ議論が展開されている。

とはいえ、本書におさめられた論考は内容がそれなりに多岐にわたっているため、必ずしも全体が見通しやすいとはいえない。そこで、あらためて議論の大きな流れをおさえ、とくに重要と思われる論点を整理しておこう。

第1章のガブリエルの論文は、その副題から、「自然主義」が標的であることがわかる。しかし、彼の本当の狙いは自然主義の全面的な否定にではなく、心的なものを物理的なものに帰着させる自然主義的還元論を攻撃することにある。論文では、まず自然主義という立場の特徴が整理され、その方法論上の混乱が指摘される。つぎに、現代における反唯物論の議論がいくつかとりあげられ、その問題点が確認される。論文の後半では、心と自然という区分が、精神と自然種という区分によってとらえなおされる。そして最後に、心と脳の関係を「条件モデル」によって理解することが提案される。

ガブリエルの議論の力点は、もちろん後半部分にある。そこで重要なのは、第4章でケルンが的確に整理したように、心的現象が「純粋に物理的な世界や動物界のほかのメンバーから人間が自分を区別しようとする試み」に由来するものであり、それゆえひとつのまとまりをなしているという洞察と、自然種と心的語彙についての意味論的考察にもとづく、心的現象が概念に依存する現象であるという観察の二点だろう。「大陸系の哲学」の伝統をふまえたこれらの洞察をもとに、「心の哲学」の中心問題を設定し直そうというのがガブリエルの企図であり、本書の価値もまた、その大胆な試みにあるといっていい。

さて、心の哲学へのもうひとつの提案である「条件モデル」についてはどうだろうか。心の実現には生物学的基盤を含むいくつもの必要条件がそろわねばならず、それらが合わさって心をもつことの十分条件となる、というのが「条件モデル」だった。このモデルが有用に見えることには理由がある。まず、使われているのが必要条件・十分条件というお馴染みの概念であること。また、必要条件の詳細が完全に明らかにならなくても、少なくとも、問題のことがらに対する既知の条件の寄与がわかりやすく表現できること。さらに、十分条件にはいくつもの可能性を認めることができる点も、モデルの長所に数えられるだろう(ケネス・ロスマンによる、疾病の原因モデルとしてのパイ・チャートを思い浮かべてほしい)。たとえば、かつて機能主義者が説いたように、ニューロンではなくシリコン・チップを物理的な必要条件のひとつに含む、十分条件もあるかもしれない。ただし、これがモデルと呼ぶにふさわしい実のあるものになるには、物理的基盤としての脳以外の条件――ガブリエルのいう「心的条件」――も、部分的であれ特定する必要があるだろう。しかし、トリヴィアルではないかたちで、そうした条件をあげるのは簡単ではなさそうだ。ともあれ、このあたりの問題については、ガブリエルの今後の仕事を注視したいと思う。

⁂

翻訳の過程でお世話になった方々にお礼をいいたい。いつものように作業を支えてくれた堀口佳子さんと長滝祥司さん。アリストテレスとカントについて、親切な助言をくださった篠澤和久さんと遠藤寿一さん。そして、訳者の生煮えの原稿に根気強く朱を入れてくれた岩波書店編集部の奈倉龍祐さん。本書は、文字どおり、奈倉さんとの共同作業から生まれた。

二〇一九年一二月　樹氷の成長を待ち焦がれながら

訳　者

文献一覧

Assmann, J. (1998) *Moses the Egyptian: The Memory of Egypt in Western Monotheism*. Cambridge, MA: Harvard University Press. 安川晴基訳『エジプト人モーセ――ある記憶痕跡の解読』藤原書店，2017 年.

Assmann, J. (2009) *The Price of Monotheism*. Stanford, CA: Stanford University Press.

Azzouni, J. (2010) *Talking about Nothing: Numbers, Hallucinations, and Fictions*. New York: Oxford University Press.

Benoist, J. (2001) *Représentations sans objet: aux origines de la phénoménologie et de la philosophie analytique*. Paris: PUF.

Bishop, R. and Atmanspacher, H. (2011) The causal closure of physics and free will, in R. Kane (ed.), *Oxford Handbook of Free Will*. Oxford: Oxford University Press, pp. 101–11.

Blumenberg, H. (1985) *The Legitimacy of the Modern Age*. Cambridge, MA: MIT Press. 斎藤義彦・忽那敬三・村井則夫訳『近代の正統性』全 3 冊，法政大学出版局，1998～2002 年.

Brock, S. and Everett, A. (eds) (2015) *Fictional Objects*. Oxford: Oxford University Press.

Burge, T. (2013) *Cognition through Understanding: Self-Knowledge, Interlocution, Reasoning, Reflection: Philosophical Essays*, Vol. 3. Oxford: Oxford University Press.

Capra F. and Luisi, P. L. (2017) *The Systems View of Life: A Unifying Vision*. Cambridge: Cambridge University Press.

Cavell, S. (1979) *The Claim of Reason: Wittgenstein, Skepticism, Morality, and Tragedy*. Oxford: Oxford University Press.

Chakravartty, A. (2017) *Scientific Ontology: Integrating Naturalized Metaphysics and Voluntarist Epistemology*. Oxford: Oxford University Press.

Chalmers, D. (1996) *The Conscious Mind: In Search of a Fundamental Theory*. Oxford: Oxford University Press. 林一訳『意識する心――脳と精神の根本理論を求めて』白揚社，2001 年.

Chalmers, D. (2006a) The foundations of two-dimensional semantics, in M. García-Carpintero and J. Macià (eds), *Two-Dimensional Semantics: Foundations and Applications*. Oxford: Oxford University Press, pp. 55–140.

Chalmers, D. (2006b) Two-dimensional semantics, in E. Lepore and B. Smith (eds), *The Oxford Handbook of Philosophy of Language*. Oxford: Oxford University Press, pp. 575–606.

Chalmers, D. (2009) The two-dimensional argument against materialism,

in B. P. McLaughlin, A. Beckermann and S. Walter(eds), *The Oxford Handbook of Philosophy of Mind*. Oxford: Oxford University Press, pp. 313–35.

Chang, H.(2012)*Is Water H_2O? Evidence, Realism and Pluralism*. Dordrecht: Springer.

Chomsky, N.(1975)*Reflections on Language*. New York: Pantheon Books. 井上和子・神尾昭雄・西山佑司訳『言語論——人間科学的省察』大修館書店，1979 年.

Chomsky, N.(1988)*Language and Problems of Knowledge: The Managua Lectures*. Cambridge, MA: MIT Press. 田窪行則・郡司隆男訳『言語と知識——マナグア講義録(言語学編)』産業図書，1989 年.

Clark, A. and Chalmers, D.(1998)The extended mind, *Analysis*, 58(1): 7–19.

Dellian, E.(2007)*Die Rehabilitierung des Galileo Galilei oder die Kritik der Kantischen Vernunft*. Sankt Augustin: Academia.

Dennett, D.(1984)*Elbow Room: The Varieties of Free Will Worth Wanting*. Cambridge, MA: MIT Press.

Dennett, D.(1991)*Consciousness Explained*. Boston: Back Bay Books. 山口泰司訳『解明される意識』青土社，1998 年.

Dennett, D.(1992)The self as the center of narrative gravity, in F. S. Kessel, P. M. Cole, and D. L. Johnson(eds), *Self and Consciousness: Multiple Perspectives*. Mahwah, NJ: Lawrence Erlbaum, pp. 103–15.

Dennett, D.(2017)*From Bacteria to Bach and Back: The Evolution of Minds*. New York: W. W. Norton. 木島泰三訳『心の進化を解明する——バクテリアからバッハへ』青土社，2018 年.

Ellis, G. F. R.(2016)*How Can Physics Underlie the Mind? Top-Down Causation in the Human Context*. Berlin: Springer.

Gabriel, M.(2014)*An den Grenzen der Erkenntnistheorie: Die notwendige Endlichkeit des objektiven Wissens als Lektion des Skeptizismus*. 2nd edn, Freiburg: Karl Alber.

Gabriel, M.(2015a)*Fields of Sense: A New Realist Ontology*. Edinburgh: Edinburgh University Press.

Gabriel, M.(2015b)*Why the World Does Not Exist*. Cambridge: Polity. 清水一浩訳『なぜ世界は存在しないのか』講談社，2018 年.

Gabriel, M.(2016a)What kind of an idealist(if any)is Hegel?, *Hegel Bulletin*, 37(2): 181–208.

Gabriel, M.(2016b)Repliken auf Diehl/Rosefeldt, Hübner, Rödl und Stekeler-Weithofer, in T. Buchheim(ed.), *Jahrbuch-Kontroversen 2: Markus Gabriel: Neutraler Realismus*. Freiburg: Karl Alber, pp. 165–222.

Gabriel, M.(2017)*I am Not a Brain: Philosophy of Mind for the Twenty-First Century*. Cambridge: Polity. 姫田多佳子訳『「私」は脳ではない

――21世紀のための精神の哲学』講談社，2019年.

Gabriel, M. and Žižek, S.(2009)*Mythology, Madness and Laughter: Subjectivity in German Idealism*. London: Continuum. 大河内泰樹・斎藤幸平監訳，飯泉佑介・池松辰男・岡崎佑香・岡崎龍訳『神話・狂気・哄笑――ドイツ観念論における主体性』堀之内出版，2015年.

Görnitz, T. and Görnitz, B.(2016)*Von der Quantenphysik zum Bewusstsein: Kosmos, Geist und Materie*. Berlin: Springer.

Hegel, G. W. F.(1976)*The Phenomenology of Spirit*, trans. A. V. Miller. Oxford: Oxford University Press. 熊野純彦訳『精神現象学』全2冊，ちくま学芸文庫，2018年.

Hegel, G. W. F.(1988)*Faith and Knowledge*, ed. and trans. W. Cerf and H. S. Harris. New York: State University of New York Press. 上妻精訳『信仰と知』岩波書店，1993年.

Hegel, G. W. F.(2010)*Philosophy of Mind*, trans. W. Wallace and A. V. Miller, rev. M. Inwood. Oxford: Oxford University Press. 船山信一訳『精神哲学』全2冊，岩波文庫，1965年.

Henrich, D.(2007)*Denken und Selbstsein: Vorlesungen über Subjektivität*. Berlin: Suhrkamp.

Hofweber, T.(2016)*Ontology and the Ambitions of Metaphysics*. Oxford: Oxford University Press.

Husserl, E.(1970)*The Crisis of European Sciences and Transcendental Phenomenology*. Evanston, IL: Northwestern University Press. 細谷恒夫・木田元訳『ヨーロッパ諸学の危機と超越論的現象学』中公文庫，1995年.

Hutter, A.(2017)*Narrative Ontologie*. Tübingen: Mohr Siebeck.

Jackson, F.(1986)What Mary didn't know, *Journal of Philosophy*, 83(5): 291–5.

Jackson, F.(1998)*From Metaphysics to Ethics: A Defense of Conceptual Analysis*. Oxford: Clarendon Press.

Kablitz, A.(2012)*Kunst des Möglichen: Theorie der Literatur*. Freiburg im Breisgau: Rombach.

Kant, I.(1902–). *Kants gesammelte Schriften*, ed. Deutschen(Königlich Preußischen)Akademie der Wissenschaften, 29 vols. Berlin: Walter de Gruyter.

Kant, I.(1992)Dreams of a spirit-seer elucidated by dreams of metaphysics, in *Immanuel Kant: Theoretical philosophy, 1755–1770*, ed. and trans. D. Walford. Cambridge: Cambridge University Press, pp. 301–59. 金森誠也訳『カント「視霊者の夢」』講談社学術文庫，2013年.

Kant, I.(2015)*Critique of Practical Reason*, ed. and trans. M. Gregor. Cambridge: Cambridge University Press. 中山元訳『実践理性批判』全2冊，光文社古典新訳文庫，2013年.

Kern, A. and Kietzmann, C.(eds)(2017)*Selbstbewusstes Leben: Texte zu*

einer transformativen Theorie der menschlichen Subjektivität. Berlin: Suhrkamp.

Levine, J.(2004)*Purple Haze: The Puzzle of Consciousness*. Oxford: Oxford University Press.

Lewens, T.(2015)*Cultural Evolution: Conceptual Challenges*. Oxford: Oxford University Press.

McGinn, C.(1993)*The Problem of Consciousness: Essays Towards a Resolution*. New York: Wiley.

McGinn, C.(1999)*The Mysterious Flame: Conscious Minds in a Material World*. New York: Basic Books. 石川幹人・五十嵐靖博訳『意識の〈神秘〉は解明できるか』青土社，2001 年.

Nagel, T.(1989)*The View from Nowhere*. Oxford: Oxford University Press. 中村昇・山田雅大・岡山敬二・齋藤宜之・新海太郎・鈴木保早訳『どこでもないところからの眺め』春秋社，2009 年.

Nagel, T.(2012)*Mind and Cosmos: Why the Materialist Neo-Darwinian Conception of Nature is Almost Certainly False*. Oxford: Oxford University Press.

Nitsch, R.(2012)*Gehirn, Geist und Bedeutung: Zur Stellung der Neurowissenschaften in der Leib-Seele-Diskussion*. Münster: Mentis.

Noë, A.(2009)*Out of Our Heads: Why You Are Not Your Brain, and Other Lessons from the Biology of Consciousness*. New York: Hill & Wang.

Pinker, S.(1997)*How the Mind Works*. New York: W. W. Norton. 椋田直子・山下篤子訳『心の仕組み』全 2 冊，ちくま学芸文庫，2013 年.

Popper, K. and Eccles, J.(1977)*The Self and its Brain: An Argument for Interactionism*. Berlin: Springer. 大村裕・西脇与作・沢田允茂訳『自我と脳』新思索社，2005 年.

Price, H.(2011)*Naturalism without Mirrors*. Oxford: Oxford University Press.

Putnam, H.(1981)*Reason, Truth and History*. Cambridge: Cambridge University Press. 野本和幸・中川大・三上勝生・金子洋之訳『理性・真理・歴史——内在的実在論の展開』法政大学出版局，2012 年.

Putnam, H.(1992)*Realism with a Human Face*. Cambridge, MA: Harvard University Press.

Putnam, H.(2012)*Philosophy in an Age of Science: Physics, Mathematics, and Skepticism*. Cambridge, MA: Harvard University Press.

Quine, W. V. O.(1960)*Word and Object*. Cambridge, MA: MIT Press. 大出晁・宮館恵訳『ことばと対象』勁草書房，1984 年.

Rayo, A.(2013)*The Construction of Logical Space*. Oxford: Oxford University Press.

Ricœur, P. (1992) *Oneself as Another*. Chicago: University of Chicago Press. 久米博訳『他者のような自己自身』法政大学出版局，2010年.

Robinson, H. (2017) Dualism, in E. Zalta (ed.), *The Stanford Encyclopedia of Philosophy*, https://plato.stanford.edu/archives/fall2017/entries/dualism/.

Scheibe, E. (2012) *Die Philosophie der Physiker*. Munich: Beck.

Schelling, F. W. J. (2014) *Zeitschrift für spekulative Physik*, Vol. 2. Hamburg: Meiner.

Schelling, F. W. J. (2017) *Zeitschrift für spekulative Physik*, Vol. 1. Hamburg: Meiner.

Scruton, R. (2017) *On Human Nature*. Princeton, NJ: Princeton University Press.

Searle, J. (2010) *Making the Social World: The Structure of Human Civilization*. New York: Oxford University Press. 三谷武司訳『社会的世界の制作——人間文明の構造』勁草書房，2018年.

Sellars, W. (1963) *Science, Perception and Reality*. London: Routledge & Kegan Paul. 神野慧一郎・土屋純一・中才敏郎訳『経験論と心の哲学』(抄訳) 勁草書房，2006年.

Shear, J. (1997) *Explaining Consciousness: The "Hard Problem"*. Cambridge, MA: MIT Press.

Tallis, R. (2014) *Aping Mankind: Neuromania, Darwinitis and the Misrepresentation of Humanity*. London: Routledge.

Taylor, C. (1964) *The Explanation of Behaviour*. London: Routledge & Kegan Paul.

Taylor, C. (1985a) *Philosophical Papers*, Vol. 1: *Human Agency and Language*. Cambridge: Cambridge University Press.

Taylor, C. (1985b) *Philosophical Papers*, Vol. 2: *Philosophy and the Human Sciences*. Cambridge: Cambridge University Press.

Taylor, C. (2007) *A Secular Age*. Cambridge, MA: Harvard University Press.

Tetens, H. (2015) *Gott denken: Ein Versuch über rationale Theologie*. Stuttgart: Reclam.

Tononi, G. and Koch, C. (2015) Consciousness: here, there and everywhere?, *Philosophical Transactions of the Royal Society B*, 370: 20140167.

Varela, F., Thompson, E., and Rosch, E. (2016[1991]) *The Embodied Mind: Cognitive Science and Human Experience*. Cambridge, MA: MIT Press. 田中靖夫訳『身体化された心——仏教思想からのエナクティブ・アプローチ』工作舎，2001年.

〈執筆者紹介〉
[編集]ジョスラン・マクリュール　Jocelyn Maclure
1973年生まれ．ラヴァル大学教授．著書に *Retrouver la raison. Essais de philosophie publique*（Québec Amérique），*Laïcité et liberté de conscience*（チャールズ・テイラーとの共著，La Découverte および Boréal）など．

チャールズ・テイラー　Charles Taylor
1931年生まれ．マギル大学名誉教授．テンプルトン賞（2007年），京都賞（2008年）など受賞．著書に『自我の源泉——近代的アイデンティティの形成』（名古屋大学出版会），『近代 想像された社会の系譜』（岩波書店），『実在論を立て直す』（ヒューバート・ドレイファスとの共著，法政大学出版局）など．

ジョスラン・ブノワ　Jocelyn Benoist
1968年生まれ．パリ第1大学教授．著書に *L'adresse du réel*（Vrin）など．論文に「存在論的無差別を絶つ」（『越境する哲学——体系と方法を求めて』春風社所収），「実在の領野と意義の地平」（『現代思想 総特集マルクス・ガブリエル——新しい実在論』青土社所収）など．

アンドレーア・ケルン　Andrea Kern
1968年生まれ．ライプツィヒ大学教授．著書に *Schöne Lust. Eine Theorie der ästhetischen Erfahrung nach Kant* および *Quellen des Wissens. Zum Begriff vernünftiger Erkenntnisfähigkeiten*（ともに Suhrkamp）がある．

〈訳者〉
廣瀬　覚
仙台市医師会看護専門学校非常勤講師．訳書に『哲学のプラグマティズム的転回』『論理学超入門』（いずれも共訳，岩波書店）など．

岩波新書新赤版一〇〇〇点に際して

ひとつの時代が終わったと言われて久しい。だが、その先にいかなる時代を展望するのか、私たちはその輪郭すら描きえていない。二〇世紀から持ち越した課題の多くは、未だ解決の緒を見つけることのできないままであり、二一世紀が新たに招きよせた問題も少なくない。グローバル資本主義の浸透、憎悪の連鎖、暴力の応酬——世界は混沌として深い不安の只中にある。

現代社会においては変化が常態となり、速さと新しさに絶対的な価値が与えられた。消費社会の深化と情報技術の革命は、種々の境界を無くし、人々の生活やコミュニケーションの様式を根底から変容させてきた。ライフスタイルは多様化し、一面では個人の生き方をそれぞれが選びとる時代が始まっている。同時に、新たな格差が生まれ、様々な次元での亀裂や分断が深まっている。社会や歴史に対する意識が揺らぎ、普遍的な理念に対する根本的な懐疑や、現実を変えることへの無力感がひそかに根を張りつつある。そして生きることに誰もが困難を覚える時代が到来している。

しかし、日常生活のそれぞれの場で、自由と民主主義を獲得し実践することを通じて、私たち自身がそうした閉塞を乗り超え、希望の時代の幕開けを告げてゆくことは不可能ではあるまい。そのために、いま求められていること——それは、個と個の間で開かれた対話を積み重ねながら、人間らしく生きることの条件について一人ひとりが粘り強く思考することではないか。その営みの糧となるものが、教養に外ならないと私たちは考える。歴史とは何か、よく生きるとはいかなることか、世界そして人間はどこへ向かうべきなのか——こうした根源的な問いとの格闘が、文化と知の厚みを作り出し、個人と社会を支える基盤としての教養となった。まさにそのような教養への道案内こそ、岩波新書が創刊以来、追求してきたことである。

岩波新書は、日中戦争下の一九三八年一一月に赤版として創刊された。創刊の辞は、道義の精神に則らない日本の行動を憂慮し、批判的精神と良心的行動の欠如を戒めつつ、現代人の現代的教養を刊行の目的とする、と謳っている。以後、青版、黄版、新赤版と装いを改めながら、合計二五〇〇点余りを世に問うてきた。そして、いままた新赤版が一〇〇〇点を迎えたのを機に、人間の理性と良心への信頼を再確認し、それに裏打ちされた文化を培っていく決意を込めて、新しい装丁のもとに再出発したいと思う。一冊一冊から吹き出す新風が一人でも多くの読者の許に届くこと、そして希望ある時代への想像力を豊かにかき立てることを切に願う。

（二〇〇六年四月）

マルクス・ガブリエル　Markus Gabriel

1980年生まれ．ボン大学教授．著書に『なぜ世界は存在しないのか』『「私」は脳ではない――21世紀のための精神の哲学』（ともに講談社選書メチエ），*Der Sinn des Denkens*（Ullstein），『神話・狂気・哄笑――ドイツ観念論における主体性』（スラヴォイ・ジジェクとの共著，堀之内出版）など．

新実存主義
　マルクス・ガブリエル　　　　　　岩波新書（新赤版）1822

2020年1月21日　第1刷発行

訳　者　廣《ひろ》瀬《せ》　覚《さとる》

発行者　岡本　厚

発行所　株式会社　岩波書店
〒101-8002 東京都千代田区一ツ橋2-5-5
案内 03-5210-4000　営業部 03-5210-4111
https://www.iwanami.co.jp/

新書編集部 03-5210-4054
http://www.iwanamishinsho.com/

印刷・三陽社　カバー・半七印刷　製本・中永製本

ISBN 978-4-00-431822-4　　Printed in Japan